Winfried Schlaffke

Tarnfarbe GRÜN

Provokation und Protest als Programm

›Eine Streitschrift‹

Tiberius Verlag GmbH

CIP-Kurztitelaufnahme der Deutschen Bibliothek

Schlaffke, Winfried:

Tarnfarbe Grün: Provokation u. Protest als Programm; e. Streitschr. / Winfried Schlaffke. – Köln: Tiberius-Verlag, 1986.
ISBN: 3-921360-02-1

Postfach 45 12 40, 5000 Köln 41
Umschlaggestaltung:
Roberto Patelli, Köln
Druck: KVD, Köln

ISBN: 3-921360-02-1

INHALT

VORWORT

1986 haben die Grünen ihre vielfältigen Grundsatz- und Strategiepapiere um zwei neue Programme ergänzt. Im Februar haben sie einen Entwurf für den „Umbau der Industriegesellschaft" vorgelegt und im Mai wurde das „Programm zur Bundestagswahl 1987" verabschiedet. Beide Schriften sind eine Herausforderung an unsere Wirtschafts- und Gesellschaftsordnung. Provokationen sollen beunruhigen, aufrütteln, bewegen, verändern. Sie fordern Reaktionen heraus. Die vorliegende Schrift hat den von den Grünen hingeworfenen Fehdehandschuh aufgenommen und antwortet auf die Systemkritik und die Systemveränderungskonzeptionen. Gewählt wurde nicht die Form der politikwissenschaftlichen Studie, sondern die Form der Streitschrift. Sie beruht vor allem auf dem einfachen Prinzip, dem Leser die Zielsetzungen der Grünen anhand ihrer eigenen Feststellungen, Vorhaben und Zielsetzungen zu verdeutlichen. Das sollte als Gegenprovokation eigentlich genügen, denn die Grünen selbst liefern die besten Argumente gegen die Grünen. Ihre Angriffe gegen die Grundpfeiler unserer repräsentativen Demokratie und gegen das System der sozialen Marktwirtschaft sprechen eine so deutliche Sprache, daß sich eine Kommentierung eigentlich erübrigt.

W. S.

DIE GRÜNEN: ANARCHISTISCH, SYNDIKALISTISCH UND CHAOTISCH

▶ *Der Kampf für Dezentralität und Selbstverwaltung gegen riesige, verschachtelte Konzerne ist ein Streit um die Aneignung der Wirtschaft, ein Streit um die Wiederaneignung der Arbeit.* ◀

Gert Jansen
Die Grünen,
Landesverband Niedersachsen

▶ *Unternehmer, Privateigentum an Produktionsmitteln, Warencharakter der Arbeitskraft, verallgemeinerte Marktwirtschaft, Kommandogewalt des Kapitals über die Arbeit: alle diese Merkmale der kapitalistischen Produktionsverhältnisse verschwinden weder automatisch noch von selbst, man muß sie abschaffen.* ◀

Ernest Mandel, 1972

Vor den Wahlen in Niedersachsen schien es so, als hätten die Grünen nichts unversucht gelassen, um die Anhänger unserer marktwirtschaftlichen Ordnung, unserer Industrie- und Exportgesellschaft und unserer bürgerlichen Wertewelt zu verschrecken. In der Tat haben sie ihre

Horror-, Verbots- und Ausstiegsszenarien so drastisch abschreckend gestaltet, als wollten sie mit Hieronymus Bosch konkurrieren und so zugleich das Bild eines eventuellen rot-grünen Bündnisses als surrealistische Schreckensvision präsentieren.

Der Entwurf für den Umbau der Industriegesellschaft war kaum mehr als „Einstieg in den Ausstieg" aus der Industriegesellschaft zu verstehen, sondern die Forderungen und Zielsetzungen mußten wie an das Fundament der Marktwirtschaft gelegte Sprengsätze wirken. Nimmt man die Beschlüsse, Gesetzesvorlagen und Verlautbarungen der Grünen aus der jüngsten Vergangenheit zusammen, dann präsentiert sich nicht eine Partei, die sich der Basisdemokratie, der Ökologie, dem Frieden oder dem sozialen Engagement verschrieben hat, sondern es ergibt sich ein Bild von Anarchie. So manche grüne Vorstellung hat nichts mit konkreter Utopie oder schöpferischer Phantasie, geschweige mit der Kunst des Machbaren zu tun, sondern sie beinhaltet einen Anarchosyndikalismus, wie er in trotzkistischen Kreisen der APO Anfang der 70er Jahre kurzzeitig in Mode war, verbunden mit radikalen Ausstiegs- und Verweigerungshaltungen. Gefordert wird

- der Ausstieg aus der Marktwirtschaft, aus der internationalen Arbeitsteiligkeit und aus weltweitem Export;
- Zerschlagung bzw. Entflechtung industrieller Strukturen großer Unternehmen, Vergesellschaftung und Miniaturisierung der Banken;
- sofortiger Ausstieg aus der Kernenergie und Enteignung der Betreibergesellschaften, Kommunalisierung und Miniaturisierung der Energiewirtschaft;

- Verbote oder weitreichende Produktionsbeschränkungen z. B. im Bereich der Elektrotechnik, Elektronik, Wehrtechnik, Chemie, Pharmazie, Nahrungs- und Genußmittel . . .;
- Abwendung vom Auto und vom Flugverkehr;
- Austritt aus der Nato und Auflösung der Bundeswehr;
- Abschaffung des Bundesgrenzschutzes;
- „Abrüstung" der Polizei, Abschaffung der Bereitschaftspolizei, und der „inhumanen Gefängnisse";
- Abschaffung des Bundesamtes für Verfassungsschutz;
- ersatzlose Streichung des § 218 StGB;
- Abschaffung des gegliederten Schulsystems;
- Abschaffung der gestuften Bildungsabschlüsse, des Fächerprinzips, der Notengebung.

Diese und andere spektakuläre Forderungen sind wahrlich keine Empfehlung für eine konstruktive Koalitionspolitik, und man fragt sich, warum die gemäßigten Grünen dem extremen fundamentalistischen Flügel allen Freiraum gegeben haben, ein von der Außenwelt abgekoppeltes wirtschaftliches und gesellschaftliches Chaos zu propagieren. Vor der wichtigen Landtagswahl in Niedersachsen schienen die Veranstaltungen der Grünen unter dem Motto zu stehen, je radikaler und wirklichkeitsfremder die Programme sind, desto größer muß der Wahlerfolg werden. Die Erklärung für diesen Radikalismus scheint darin zu liegen, daß die Grünen nach der Reaktorkatastrophe im sowjetischen Tschernobyl glaubten, schlagartig soviele

Wähler aus allen Lagern bekommen zu können, daß ein Bemänteln radikaler Zielsetzungen und ein vorsichtiges Taktieren unnötig sei. So schlug die Stunde der Fundamentalisten, die sich zudem sicher sein durften, ebenso die besondere Aufmerksamkeit der Medien zu erregen, wie es schon weiland den Radikalen der APO gelang.

Die im Jahre 1986 vorgelegten Programme und Verlautbarungen der Grünen wirken anarchistisch in der Absicht einer vollständigen und radikalen Umwandlung der bestehenden Gesellschaftsordnung, provinziell und syndikalistisch in dem Ziel der Übernahme der Produktionsmittel durch autonome regional wirtschaftende Gruppen und regionale Wirtschafts- und Sozialräte und chaotisch wegen des Mangels konstruktiver Konzepte.

VON DER APO ZUR ETABLIERTEN PROTESTPARTEI

▶ *Das subjektive Interesse einer engagierten Minderheit ist das objektive Interesse der Mehrheit . . . Wir negieren diesen Staat. Wir werden das Bestehende im Sinne einer permanenten Revolution in Frage stellen und angreifen.*◀

Verband Deutscher Studentenschaften, 1968

▶ *Die Frage stellt sich, ob nicht eine betroffene, informierte und dadurch qualifizierte Minderheit eigentlich die Mehrheit darstellt . . .*◀

Reinhard Brückner,
Die Grünen, MdL in Hessen

Wer den Wurzeln und der Entwicklung der Grünen nachspüren will, muß mit seinen Nachforschungen in der Zeit der Außerparlamentarischen Opposition beginnen. Damals wie heute wurden Karikaturen der Demokratie herumgereicht und Kampfansagen proklamiert, wurde das bestehende Gesellschaftssystem als verachtungswürdiges Wegwerfobjekt dargestellt. Damals wie heute schienen manche Literaten, Journalisten und Liedermacher zu meinen, die Qualität ihrer Produkte würde proportional mit ihrer beißenden Kritik an der Bundesrepublik Deutschland steigen; und je mehr Hohn und Spott über dem Deutschen Vaterland ausgegossen würde, desto größer ist ihr Beifall.

▶ *Vertrauen Sie nicht länger auf ihre gewählten Vertreter! Das ist sinnlos geworden, seitdem das Parlament nur noch eine vom Monopolkapital lizensierte Schwatzbude ist*◀, lautete ein Leit-Motto der Studentenvertreter in der Außerparlamentarischen Opposition.

Die Studentenrevolte der späten 60er Jahre war nicht der Ausdruck einer deutlich abzugrenzenden Ursache; sie richtete sich nicht gegen bestimmte Mißstände, sie verfolgte auch keine partiellen Ziele. Der Aufstand war Ausdruck einer totalen Ablehnung der vorgefundenen Industriegesellschaft und ihrer Lebensformen und schien alle Grenzen zu überschreiten.

Am Hauptportal der Sorbonne in Paris hingen nicht nur Manifeste zur Hochschul- und Studienreform, nicht allein die Justiz, die Polizei, die Wirtschaft wurden angegriffen, sondern die alles verändernde, alles umkehrende Umwälzung – die Revolution – war Ziel der Bewegung.

Eines der Sorbonne-Plakate trug die Aufschrift: ▶*Die kommende Revolution wird nicht nur die kapitalistische, sondern die Industriegesellschaft in Frage stellen. Die Konsumgesellschaft muß zerschlagen werden. Die entfremdete Gesellschaft muß aus der Geschichte verschwinden. Wir schaffen eine neue und ursprüngliche Welt. Wir wollen die Machtergreifung der Phantasie.*◀

Das Hauptziel einer neuen Bewegung war proklamiert: Ausstieg aus der verhaßten Industriegesellschaft und Einstieg in eine vage antizipierte neue Welt der Humanität, der Selbstentfaltung, der Muße.

Die zweite Protestwelle haben wir im Zusammenschluß von Bürgerinitiativ- und Friedensbewegung erlebt. Mit dieser Aktionsgemeinschaft begann sich eine politische Bewegung stärker zu konturieren, die sich mit ihren Protesthaltungen gegen eine hochtechnisierte, ökonomisch starke und zugleich wehrhafte Industriegesellschaft richtete. Sie wurzelte in den geistigen Grundlagen und Theorien der Außerparlamentarischen Opposition und übernahm auch deren Strategien und Taktiken. Man verstand sich als Gegenbewegung zu den Zielen und Planungen des Staates und der Wirtschaft. Nicht etwas Greifbares zu schaffen, sondern etwas schon Geplantes zu verhindern, war das Ziel.

Heute stehen wir einer dritten Protestwelle gegenüber; sie hat sich geteilt und rollte in zwei Richtungen:

Die eine Richtung heißt: Aussteigen. Man arbeitet nicht mehr für die bestehende Gesellschaft, stellt sich aber auch nicht gegen sie. Man wandert aus in fremde ferne Länder, die die gesuchte Gegenkultur zu bieten scheinen; in die Innerlichkeit, in Traum- und Scheinwelten – oft unter Mithilfe von Alkohol, Psychopharmaka und Drogen. Es gibt auch Aktivisten, die Gleichgesinnte suchen, um neue Formen gesellschaftlichen Zusammenlebens und Modelle einer Gegenkultur zu erproben. Es geht um Alternativen zur Industriegesellschaft. Wer in diese Welt der Alternativen eingetaucht ist, lebt auf einer abgeschlossenen Insel: er liest alternative Zeitungen, hört alternative Musik und erlebt alternatives Theater, er ernährt sich von biologisch-reinem Backwerk, von Körnern und naturgedüngtem Gemüse, er würzt mit Meersalz und trinkt Brunnenwasser, handwerkelt und hütet die Kinder seiner Kommune. Die bestehende Mehrheitskultur geht ihn nichts mehr an.

Die andere Richtung heißt: Alternativ-Partei. So hat sich die Bewegung der Grünen zwischen den Freunden der Aussteiger- und Subkultur und den etablierten demokratischen Parteien angesiedelt; eine zusammengewürfelte Gemeinschaft, in der sich Junge und Alte, Romantiker und Utopisten, Progressive und Reaktionäre, Dogmatiker und Liberale, Linke und Rechte, Linksrevolutionäre und Altkommunisten zusammengefunden haben, zusammengehalten vom grünen Band der Sympathie zu Umweltschutz und Frieden. Die Grünen haben sich in ihrem ersten Bundesprogramm selbst so beschrieben:

▶ *Wir sind die Alternative zu den herkömmlichen Parteien. Hervorgegangen sind wir aus einem Zusammenschluß von grünen, bunten und alternativen Listen und Parteien. Wir fühlen uns verbunden mit all denen, die in der neuen demokratischen Bewegung mitarbeiten: den Lebens-, Natur- und Umweltschutzverbänden, den Bürgerinitiativen, der Arbeiterbewegung, christlichen Initiativen, der Friedens- und Menschenrechts-, der Frauen- und 3.-Welt-Bewegung. Wir verstehen uns als Teil der grünen Bewegung in aller Welt.*◀

Die Grünen speisen sich aus den geistigen Quellen der APO. Sie haben dort nicht nur bestimmte Denkweisen, sondern auch taktische und strategische Verhaltensformen entlehnt. Doch während die APO, die Bürgerinitiativen und Friedensgruppen Protestbewegungen blieben, haben sich die Grünen zur etablierten Protestpartei entwickelt.

DIE REPRÄSENTANTEN DER GRÜNEN

▶ *Ob die Grünen eine Fundamentalopposition oder Radikalreformisten sein wollen, ist immer noch nicht entschieden . . . Wir sind ein schöner Unkrautgarten, sehr lebendig, sehr chaotisch im Verhältnis zu diesem gepflegten Golfrasen, als den man die Bonner Altparteien vielleicht bezeichnen könnte. Da tut sich auch nicht mehr allzuviel im Erdreich. Bei uns ist das anders. Da kommt so mancher Mistkäfer um die Ecke.*◀

Joseph Fischer, Die Grünen

Erwin K. Scheuch (Die politische Meinung, August 1985) hat mit ironischem Unterton angemerkt, die Grünen seien eigentlich ▶ *eine Fernsehpartei*◀. Seit ihre Repräsentanten agierten, gäbe es Politclownerien aller Art. Sie garantierten stets einen gewissen Unterhaltungswert, ob nun grüne Fahrräder als Dienstfahrzeuge für grüne Abgeordnete gefordert würden, ob die Palette der Speisekarte des Bundestagskasinos um Müsli erweitert werden sollte, oder ob es um die Unterzeichnung des berühmt gewordenen „Shanghaier Kugelfischabkommens“ ging (Der hessische Ministerpräsident Börner hatte sich bekanntlich den Grünen gegenüber mit Unterschrift verpflichtet, dieses nicht existente, von Grünen Spaßvögeln ausgedachte Abkommen stets einzuhalten).

Gewiß ist es den Grünen gelungen, mit ihrem unkonventionellen provokanten Stil und teilweise auch mit Eulenspiegeleien die Medien besonders anzusprechen, doch mit dem sogar von CDU-Prominenz abgegebenen Urteil: ▶*Lauter nette Leute*◀ wird man den Grünen nicht gerecht. Aber was wissen wir über ihre Repräsentanten?

Seit Gründung der Partei „Die Grünen“ auf Bundesebene im Jahre 1979 haben wir es mit einem Konglomerat unterschiedlicher zuvor oft regional agierender Gruppen zu tun. Von Anfang an gab es drei sich zum Teil heftig befehdende Lager: Die (oft konservativen) Umweltschützer, die Realpolitiker oder Reformisten und die Fundamentalisten.

▶ Die Umweltschützer – die sogenannte wertkonservative Gruppe um Herbert Gruhl und Baldur Springmann spaltete sich bereits 1980 von den Grünen ab und versank in Bedeutungslosigkeit – haben immer weniger Gewicht und Einfluß, obwohl die Partei immer noch das Image hat, der Umweltschutz sei ihr zentrales Aufgabenfeld.

▶ Die Realpolitiker (Realos) stellen die stärkste Fraktion innerhalb der Partei. Sie versuchen, durch Bündnis- und Koalitionspolitik ihre Ziele zu errreichen. Ihre Taktik ähnelt dem „Marsch durch die Institutionen“. Der Begriff Realpolitiker täuscht fälschlicherweise Pragmatismus und Kompromißbereitschaft vor, daher würde man diese Gruppierung treffender als „radikale Linke“ bezeichnen.

▶ Die Fundamentalisten (Fundis) verstehen sich als totale Verweigerungsopposition und als Veto-Partei, die das bestehende System aus den Angeln heben will. Sie lehnen die vorgefundene Gesellschaftsform mit aller Radikalität ab, stehen aber auch dem Sozialismus negativ gegenüber. Obwohl die Anhänger dieses Flügels zahlenmäßig deutlich geringer sind als die Realpolitiker, gelingt es ihnen doch immer wieder – durch geschickte innerparteiliche Bündnispolitik – zu Meinungsträgern, Trendsetzern und Wortführern zu werden.

In einer außerordentlich sorgfältigen Analyse, die auf Grund von Selbstklassifikationen und programmatischen Erklärungen der Mandatsträger der Grünen vorgenommen wurden, hat Helmut Fogt (Die Mandatsträger der Grünen, in: Beilage zur Wochenzeitung DAS PARLAMENT, 15. März 1986) ihren innerparteilichen Standort noch genauer und differenzierter zu bestimmen und in den Größenordnungen festzulegen versucht. Er kommt – bei Berücksichtigung der durch Rotation ständig veränderten Parlamentsmannschaften – zu folgendem Ergebnis:

Mandatsträger der GRÜNEN nach innerparteilichem Standort

	Alle Mandatsträger %	Bundesvorstand %	Parlamentsmannschaft 1 %	Parlamentsmannschaft 2 %	Parlamentsmannschaft 3 u. 4 %
Fundamental-oppositionelle	10	21	10	5	14
Ökosozialisten	9	4	10	12	3
Traditionelle Sozialisten	19	8	15	23	31
Sonstige Nicht-Ökologen	13	4	10	10	34
Realpolitiker	26	25	32	30	7
Ökoliberale	6	17	7	4	–
Wert-konservative	7	17	8	2	7
Nur-Ökologen	9	4	8	14	3
n = 182					

Wenn man sich vor Augen führt, wie zersplittert die Alternativbewegung und die Gruppierungen der APO waren (Mehr als 50 Prozent der Grünen stehen in ihrer unmittelbaren Nachfolge.), dann könnte und müßte man ohne Zweifel noch weitere Differenzierungen vornehmen. Wenn man jedoch zu generalisieren versucht, fallen zwei Gruppen besonders auf: Die Intellektuellen und die Radikalen.

Man kann die Grünen zweifellos als Akademiker-Partei bezeichnen. Fast 80 Prozent der Fraktion haben die Hochschulreife, rund die Hälfte aller Abgeordneten in den Landesparlamenten sind Lehrer. Die Fächerschwerpunkte gehören zu den geistes- und sozialwissenschaftlichen Disziplinen. Vertreter der Natur-, Wirtschafts- und Ingenieurwissenschaften sind bei den Grünen ausgesprochene Mangelware. Helmut Schelsky (Die Arbeit tun die anderen, Opladen 1975) hat mit Blick auf die Protagonisten der Systemüberwindung von einer ▶*Priesterkaste der Intellektuellen*◀ gesprochen, die das Metier vernichtender Kritik perfekt beherrscht, aber letztlich von denen lebt, die sie mit ihrer Verurteilung vernichten will.

Bis zu den Zeiten der Grünen wurde es allgemein als richtig und wichtig angesehen, daß die Bürger von den Volksvertretern erwarten durften, daß diese integre Persönlichkeiten sind und unsere freiheitlich rechtsstaatliche Grundordnung weder zu verhöhnen noch zu bekämpfen, geschweige denn gewaltsam abzuschaffen trachten. Für viele „grüne Repräsentanten“ gilt das nicht; manche sind sogar ausgesprochen stolz darauf, verfassungsfeindlichen Gruppen angehört zu haben oder sich zu deren Zielen zu bekennen. Eine Dokumentation (Die Kader der Grünen, hrsg. von Rudolf Seiters und Wolfgang Bötsch, Bonn 1986) zählt 65 Funktionäre der Grünen namentlich auf, die aus dem Dunstkreis der K-Gruppen (KB, KBW, KPD, Gruppe Z), des Marxismus-Leninismus, des Maoismus, des Trotzkismus oder der DKP und ihrer Organisationen stammen, schlimmer noch: Grüne Abgeordnete, die heute im Bundestag, in den Landtagen und im Europaparlament sind, mußten wegen terroristischer Delikte (Mord, Entführung, Raub, Vergehen gegen das Sprengstoff- und Kriegswaffenkontrollgesetz) rechtskräftig verurteilt werden. Es gehört schon eine besondere Form journalistischer Moral in unserem Lande dazu, diese Tatbestände totzuschweigen oder aber jene massiv anzugreifen und zum Rücktritt aufzufordern, die es wagen, dem verfassungsfeindlichen Radikalismus extrem Grüner nachzuspüren.

Die Brutalität gewalttätiger Ausschreitungen in Brokdorf und Wackersdorf, die von den Grünen begünstigt wurde, veranlaßte Gerhard Stoltenberg, Teile der grün-alternativen Bewegung mit der baskischen ETA zu vergleichen. Zur Begründung führte er aus:

▶ *Die grün-alternative Bewegung hat einen zivilen und einen gewalttätigen, militanten Flügel. Die einen kandidieren für Parlamente, werben bei idealistischen, unpolitischen Umweltschützern und Pazifisten, die anderen beteiligen sich an Gewaltaktionen, deren Brutalität in der Nachkriegsgeschichte ohne Beispiel ist. Was wir vor einer Woche in Brokdorf erlebten, ist nicht völlig neu, aber eine weitere Steigerung der Brutalität bis zu Vorformen des Bürgerkriegs (vgl. FAZ, 16. Juni 1986, Seite 4).* ◀

In der Partei der Grünen dominieren Intellektuelle und Radikale, fundamentalistische Systemüberwinder und reformistische Sozialisten. Konservative, liberale oder sozialistische Ökologen spielen eine untergeordnete Rolle. Es gibt vielfältige Verbindungslinien zu verfassungsfeindlichen Gruppen.

DIE WÄHLER DER GRÜNEN

▶ *Die neuen Bedürfnisse, die nun wirklich die bestimmte Negation der bestehenden Bedürfnisse sind, lassen sich vielleicht summieren als die Negation der das heutige Herrschaftssystem tragenden Bedürfnisse und der sie tragenden Werte . . . Negation des Leistungsprinzips, der Konkurrenz, Negation des heute ungeheuer starken Bedürfnisses nach Konformität . . ., Negation des Bedürfnisses nach einer verschwendenden, zerstörenden Produktivität . . . Diese Bedürfnisse werden negiert in dem Bedürfnis nach Frieden, dem Bedürfnis nach Ruhe, dem Bedürfnis nach Alleinsein, der Sphäre der Privatheit, dem Bedürfnis nach Glück . . .* ◀

Herbert Marcuse, 1967

▶ *Wir setzen einen tiefgreifenden Wertewandel voraus . . .* ◀

Die Grünen, Umbau der Industriegesellschaft, (Entwurf)

Wer die Grünen wählt, muß davon ausgehen, daß diese Partei nicht gewillt ist, Mehrheitsmeinungen gelten zu lassen, parlamentarische Spielregeln einzuhalten und die Legitimations-, Kontroll- und Gesetzesinstanzen zu respektieren. Wer die Grünen wählt, muß wissen, daß er damit für Wertvorstellungen und Verhaltensmuster votiert, mit denen allein unsere industrielle Leistungsgesellschaft nicht wettbewerbsfähig aufrecht erhalten werden kann. Wer für einen bestimmten grünen Kandidaten votiert, weil er sich für eine besondere Persönlichkeit entschieden hat, kann bei dessen Wahlerfolg nicht sicher sein, ob er seine Auffassungen in die politische Arbeit einbringen kann, denn die Repräsentanten der Grünen sind an die Meinungen und Stimmungen der Basis gebunden und können zudem wegrotiert werden.

Dennoch wählen in Bund, Land und Kommunen zwischen 2 und 11 Prozent der Wahlberechtigten die Grünen. Bei den Kommunalwahlen in Bayern (1984) erreichten die Grünen 3,6 Prozent, in Rheinland-Pfalz (1984) 5,4 Prozent, in Baden-Württemberg (1984) 9,1 Prozent, im Saarland (1984) 5,3 Prozent, und in Schleswig-Holstein (1986) 7,4 Prozent.

Bei den Landtagswahlen in Baden-Württemberg (1984) erzielten die Grünen 8 Prozent, im Saarland (1985) 2,4 Prozent, in Nordrhein-Westfalen (1985) 4,6 Prozent, in Niedersachsen (1986) 7,1 Prozent und in Berlin kam die Grün-Alternative Liste auf 10,6 Prozent. Bei den Europawahlen 1984 erreichten die Grünen 8,2 Prozent.

In den Kommunen haben die Grünen ihre größten Erfolge, da sie oft aus regional arbeitenden Bürgerinitiativen hervorgegangen sind. Hier haben sie viele persönliche Kontakte, organisieren Straßenfeste, Musikveranstaltungen und setzen sich, gegebenenfalls in Eigenhilfe, für die Beseitigung lokaler Probleme ein. So werden Schülerlotsendienste organisiert, Kinderspielplätze gebaut, Alte betreut. In den Kommunen haben sie aber auch deshalb viele Freunde, weil sie gegen alles kämpfen, was die Qualität des Wohnens beeinträchtigen könnte. Sie verhindern Autostraßen, Mülldeponien, Kraftwerke, Industrieansiedlungen. Zu Wählern der Grünen werden ganz offensichtlich auch so manche wohlhabende Bürger, die um ihre Parkanlagen und ihre Ruhe in den besten Wohngebieten fürchten und die es mit dem famosen Stoßseufzer an Sankt Florian halten, doch ihre Häuser zu verschonen und andere anzuzünden.

Bei den Landtagswahlen sind die Grünen dort schwach, wo die SPD besonders stark, besonders links oder beides zugleich ist. Im Saarland hat sich der Ministerpräsident Lafontaine mit seinem Umweltminister Leinen so viele Vorstellungen und Ziele der Grünen zu eigen gemacht, daß diese überflüssig wurden.

In Nordrhein-Westfalen stand das Image des Landesvaters Johannes Rau im Zenit der Wählergunst, zudem schien er so viele „postmaterielle Werte" (Versöhnung, Solidarität, Verträglichkeit) zu verkörpern, daß die Grünen das Nachsehen hatten und knapp an der 5-Prozent-Hürde scheiterten.

Die Niedersachsen-Wahl stand im Zeichen von Tschernobyl. Meinungsumfragen sahen die Grünen bereits auf einer Woge von Angst und Hysterie auf über 10 Prozent der Stimmen zutreiben. Doch die Zahl der Wähler, die sich aus einer momentanen Aufwallung des Gefühls und ohne Langfristfolgen abzuwägen entscheidet, ist wohl doch kleiner, als uns unsere elektronischen Medien ständig vorgaukeln. Zudem machte sich die SPD stark, indem sie ohne Bedenken (wohl auch ohne großes Nachdenken und Überprüfen) ihr langjähriges energiepolitisches Konzept wie lästigen Ballast über Bord warf und den sofortigen Einstieg in den Ausstieg der Kernenergie (Was das auch immer heißen mag!) propagierte.

Wenn man die sorgfältigen Analysen von Hans-Joachim Veen (Die Grünen an den Grenzen ihres Wachstums. Eine Analyse über ihre Wähler und Repräsentanten nach den Wahlen 1984 und 1985, in: Politische Studien. 36. Jg., Nr. 282. Juli/August 1985) zugrunde legt, sind die typischen Wähler der Grünen drei Gruppen zuzuordnen: Die einen Grün-Wähler sind jung und „intellektuell" (Oberschüler, Studenten) und leben vornehmlich in Universitäts- oder Großstädten; die anderen gehören der höheren Beamtenschaft (Lehrer, Pfarrer) an und sind nicht selten in ihrer persönlichen Entwicklung von den Überzeugungen und Vorstellungen der APO geprägt worden; die dritten sind Protestwähler, vor allem jugendliche Arbeitslose, die von bestimmten Problemlagen, Fehlerscheinungen oder Mißständen in der Bundesrepublik besonders betroffen sind und so zu Anhängern der Protestpartei wurden.

Die Wählerschaft der Grünen zeichnet, sofern man gewisse generalisierende und pauschalisierende Beurteilungen überhaupt zulassen will, zwei Merkmale aus: Sie gehören zu jenen, die vom Staat bezahlt werden (sarkastische Kritiker sprechen daher von Revolutionären mit späterem Pensionsanspruch), und sie sind in ihrer Grundhaltung Repräsentanten des Wertewandels. Von der alten bürgerlichen Tugend- und Wertewelt haben sie sich immer weiter entfernt und gelten als Vorkämpfer für eine postindustrielle und postmaterielle Gesellschaft. Herzlich wenig gelten ihnen die herkömmlichen bürgerlichen Werthaltungen, die mit Begriffen wie Fleiß, Leistungswille und Arbeitsfreude im Beruf, Pünktlichkeit, Ordnung, Disziplin und Pflichterfüllung, Selbstbeherrschung, Zuverlässigkeit und Hingabe an gestellte Aufgaben, Ehrlichkeit, Ehre und Treue zu umschreiben sind.

Viel gelten ihnen aber die sogenannten postmateriellen Werte: Selbstfindung, Selbstverwirklichung und Emanzipation; kritische Distanz zur Arbeits- und Pflichtenwelt, zu überkommenen Konventionen, Lebensregeln und Normen; Lebensgenuß und Freizeitaktivität; Kommunikationsfreude, Verträglichkeit und Zärtlichkeit; Solidarität, Egalität und Toleranz. Die Anhänger der Grünen können sich nicht vorstellen, daß diese Wertewelten übereinstimmend verwirklicht werden könnten.

Die Wähler der Grünen gehören vornehmlich zum intellektuell kritischen oder persönlich emotional betroffenen Protestpotential der Bundesrepublik. Sie rekrutieren sich in auffallend hohen Prozentsätzen aus den vom Staat alimentierten Studenten und Beamten. Ihre Verhaltens- und Bedürfnisorientierungen, ihre Wert- und Lebensvorstellungen haben sich mehr und mehr von den Erfordernissen der Arbeitsgesellschaft entfernt und sie sind statt dessen hingewandt zu einer eher sinneslustigen Lebenswelt der Selbstverwirklichung, des persönlichen Glücks, der Lebensqualität vor allem im Freizeitgenuß.

DIE MOBILISIERUNGSINSTRUMENTE: RADIKALE KRITIK UND KATASTROPHENANGST

▶ *Wir stehen in grundsätzlicher Opposition zu einem System . . ., das mit seinen industriellen Ballungen und Giften die Lebensadern tötet, Menschen demütigt und in die Armut aussondert, das mit seinem weltweiten wirtschaftlichen Eroberungsfeldzug die entsprechenden offensiven Militärstrategien benötigt . . . Wenn wir aus diesen Gesetzmäßigkeiten heraus wollen, dann sind wir schlichtweg Systemveränderer.* ◀

Rainer Trampert, Die Grünen

▶ *Mitten in den Konsumgesellschaften, mitten in den Wohlstandsgesellschaften brechen Revolutionen aus, weil die Langeweile, genau wie die Not, in sich einen Anstoß enthält, mit ihnen zu brechen.* ◀

Ernst Bloch, 1968

Die Attraktivität unserer Gesellschaftsordnung begann in den letzten beiden Jahrzehnten zu verblassen. Heute werden die Leistungen des Systems – vier Jahrzehnte andauernder Frieden; ein niemals in der Geschichte dagewesener Wohlstand für alle, verbunden mit einer vorher nie erlebten Freiheit und Freizügigkeit; ein bisher nicht erreichtes hohes Bildungs- und Gesundheitsniveau; eine Lebenserwartung von mehr als 70 Jahren mit weiter steigender Tendenz (um 1900 lag sie noch bei 40 Jahren); eine hohe soziale Sicherheit usw. usw. – eher verächtlich betrachtet. Einerseits will man von allem noch viel mehr haben, andererseits soll alles ganz anders werden.

Engagierte Vertreter einer ebenso verwöhnten wie idealistischen jungen Generation glauben mit den Problemen und Fehlerscheinungen nicht mehr fertig zu werden. Sie klagen an: Materialismus und Langeweile der bürgerlichen Konsumgesellschaften; Erstarrungen und Bürokratisierungen; Leistungsdruck und Wettbewerb; Ungleichheit und Hierarchien; den Wettkampf der Nationen und der großen Machtblöcke; den strukturellen Wandel durch technischen Fortschritt und die Zerstörung des ökologischen Gleichgewichts; Arbeitslosigkeit und inhumane Arbeitsplätze.

Die Grünen haben sich zu Sachwaltern – besser zu Chefanklägern – für alles gemacht, was in unserer Gesellschaft ein kritikfähiger Befund, ein offenes Problem oder eine ungelöste Aufgabe ist.

Wenn es die Grünen nicht gäbe, man müßte sie sofort erfinden, heißt eine in unserer Gesellschaft und auch bei ihren Kritikern weitverbreitete Losung. Schließlich hätten erst die Grünen auf zahllose Fehlentwicklungen aufmerksam gemacht, hätten mit ungeheurem Mut Mißstände, Skandale, ja Straftatbestände aufgedeckt, hätten mit ihren Aktionen erstarrte Strukturen und hochmütige Institutionen erschüttert; sie fänden zwar in der Therapie der bloßgelegten Krankheitssymptome nicht immer die richtige Dosis, seien aber in der Diagnose von Schwachstellen unserer Demokratie und unseres Wirtschaftssystems wahre Meister und daher unersetzbar. Die Grünen müßten als ernsthafte Kritiker, Warner und Mahner in unserer Industriegesellschaft gelten, als das gute Gewissen der Nation, deren Moral und Verantwortungsbewußtsein man Respekt zu zollen habe.

In der Tat ist an solchen und ähnlichen Sichtweisen manches richtig, wenngleich das Metier der Gesellschafts- und Systemkritik bereits von den Denkern in der APO-Ära meisterhaft beherrscht wurde. Seit Mitte der sechziger Jahre hieß die intellektuell-progressive Seinsvergewisserung: ▶*Ich kritisiere, also bin ich.*◀ Ob es um Friedenssicherung, die Entwicklung von Wirtschaft und Technik, die Umweltsituation, die soziale Gerechtigkeit, die Qualität des Arbeitslebens geht, das Verfahren der Systemkritik ist seitdem immer nach dem gleichen Muster abgelaufen und allenfalls punktuell perfektioniert worden: Vielschichtige und in komplexen Abhängigkeiten miteinander verwobene Probleme werden isoliert, unter ein vergröberndes Vergrößerungsglas gelegt und schließlich als unabweisbar systemimmanent erklärt. Dann werden die durch eingängige Begriffe und Bilder plastisch gewordenen Fehlerscheinungen als Entwicklungslinien dargestellt, die geradewegs in Katastrophen führen. Einerseits scheinen die kritisierten Entwicklungen mit zwangsläufiger Notwendigkeit zum Abgrund zu führen, andererseits aber werden sie als völlig unnötig, ja absurd beschrieben. Sie gelten als widersinnige Vorgänge, die allenfalls der Habsucht und der Machtgier der Wirtschaft und einer verschwindend kleinen Minderheit der Mächtigen, Besitzenden und Herrschenden dienen. In der Fortentwicklung dieses Verfahrens haben die Grünen die Angst – die existentielle Angst der Bürger vor globalen Katastrophen – als ihr politisches Kampfmittel zum Zweck der Systemveränderung entdeckt. Sie halten es mit Horst E. Richter, der in seinem Bestseller „Alle reden vom Frieden“ folgenden Slogan propagiert hat:
▶*Habe keine Angst vor der Angst,*
habe Mut zur Angst. Auch den Mut,

Angst zu machen. Ängstige deinen Nachbarn wie dich selbst . . . ◀

Katastrophenangst – vor Krieg, vor Umweltkatastrophen, vor „super-größten anzunehmenden Unfällen", Vor Vergiftungen, vor tödlichen Krankheiten – soll Katastrophen verhindern. Geängstigte Erwachsene und – viel schlimmer noch – systematisch verängstigte Kinder werden als Wahlhelfer eingesetzt.

Die Grünen haben sich seit ihrer Gründung mit sektiererischem Eifer die Aura von Eschatologie und Apokalypse zugelegt: Wer den Grünen nicht nachfolgt, wird bald in den Strudel der Endzeit geraten. Daß der Weltkrieg, der ökologische Zusammenbruch, das Ende von Rohstoffen und Energien noch nicht eingetreten sind, spricht nach Auffassung der Grünen nicht gegen ihre düsteren Menetekel. Erfolgt nicht die Umkehr, die totale Wandlung aller Denk- und Verhaltensweisen, wird die Katastrophe morgen oder übermorgen eintreten. Und so treten die Grünen auf Kongressen und Parteitagen zum immer neuen Wettstreit an, der unter dem Motto zu stehen scheint: Wer vermittelt das düsterste Katastrophenszenario? – Wer findet die radikalsten Lösungen?

Das Angstsyndrom, aber natürlich auch die fortwährende Verbesserung der zeitkritischen Argumentation in Form und Gehalt und ihre unaufhörliche Vervielfältigung durch die Massenmedien hat dazu geführt, daß immer weitere Kreise diese Gesellschaftsordnung als unkorrigierbar verfehlt ansehen. Sie glauben, daß jeder problemlösende, Abhilfe suchende Kräfteeinsatz im Grunde verschwendet sei, weil ein in den Fundamenten falsch konstruiertes Gebäude allenfalls noch notdürftig gestützt würde; besser sei dagegen, den Einsturz zu beschleunigen, damit endlich ganz neu – mit anderen Mitteln und zu anderen Zwecken – gebaut werden könne.

Nun soll weder der Wert und das Ziel von Kritik verkannt werden, nämlich Motor von Veränderungen zu sein und Wege zum Besseren zu finden, noch übersehen werden, daß wir vor großen Aufgaben und Problemen stehen. Das Unbehagen an der Industriegesellschaft mußte sich fast mit Notwendigkeit entwickeln, denn es kann kein Zweifel daran bestehen, daß der qualitativ enorme Entwicklungsschub des technischen Fortschritts Unruhe erzeugt; es erhebt sich sogar die Frage, ob technische Neuerungen nicht immer geradezu zwangsläufig zu Krisen führen müssen, weil originäre Innovationen ihrem Wesen nach sozial unverträglich sind. Sie richten sich nämlich gegen vorhandene Besitzstände an Ressourcen, Arbeit und „know-how"; sie zerstören oft mühsam eingependelte Gleichgewichte.

Zweifellos ist mit der Mikroelektronik eine neue Dimension in der Entwicklungsgeschichte erreicht. Über viele Jahrtausende hinweg hat der Mensch Werkzeuge entwickelt und eingesetzt, die vornehmlich seine physischen Möglichkeiten vervielfacht haben. In den letzten Jahrzehnten sind mit der Hard- und Software der Mikroelektronik „Denkzeuge" hinzugekommen, die sein Selektions-, Systematisierungs- und Speichervermögen ins Millionenfache gesteigert haben.

Wenn nun gesellschaftsverändernde Innovationen rasch aufeinanderfolgen – wie Mikroelektronik und Biotechnik – ist die Gefahr ohnehin gegeben, daß in der Bevölkerung Ängste und Aggressionen, Abwehr- und Verweigerungshaltungen wachsen. In unserer Gesellschaft ist es nicht oder nur unzureichend gelungen, die Menschen geistig und moralisch auf die neuen technischen Entwicklungen vorzubereiten, ihnen bei der

Bewältigung des strukturellen Wandels beizustehen und sie in die Lage zu versetzen, Veränderungen nicht nur duldend zu ertragen, sondern aktiv zu gestalten.

Weil die geistig-moralische Bewältigung des technischen Fortschritts nicht gelungen ist, konnte auch die politische Bewältigung nicht glücken. So mußte eine politische Bewegung entstehen, die sich der rapide wachsenden, ins Existentielle greifenden Technik-Ängste und ihrer Ursachen annimmt.

Die Grünen können neben den Krisen des Strukturwandels noch eine andere Entwicklung für sich nutzen:

Ein erfolgreiches Wirtschaftssystem – gerade wenn es besonders gut funktioniert – bringt Probleme mit sich, zum einen weil mit steigender Effizienz auch steigende, oft übersteigerte Erwartungen verbunden sind, zum anderen weil mit wachsendem Wohlstand materielle Ziele unattraktiv werden und ideelle Ziele an Gewicht gewinnen. Daß sich gerade in den Wohlstandsgesellschaften mehr oder weniger „stille Revolutionen" entwickeln, ist ein lange beobachtetes und viel diskutiertes Phänomen. Motivationspsychologen meinen, daß alle befriedigten Bedürfnisse aufhören, als Handlungs- und Leistungsmotiv zu wirken. Da in unserer Gesellschaft die existentiellen biologischen Grundbedürfnisse nach Essen, Trinken und Schlaf, aber auch materielle Sicherheitsbedürfnisse im wesentlichen befriedigt sind, beginnt gerade bei gut versorgten und finanziell abgesicherten jungen Menschen die Suche nach postmateriellen Alternativen.

Die Grünen verstehen sich nicht so sehr als evolutionäre Reformer, sondern eher als Systemüberwinder. Als Vehikel auf Fahrt zu neuen Lebens- und Arbeitsformen in einer neuen Gesellschaftsord-

nung wird eine radikale und absolute Kritik eingesetzt, die keine realistischen Maßstäbe anerkennt; weder Vergleiche mit früheren Epochen noch mit anderen Gesellschaftsformen werden akzeptiert. Aufgetretene Probleme gelten als systemimmanent und werden folglich nur dann für lösbar erklärt, wenn Systemveränderung erfolgt.

Ständig steigende Ansprüche der Bürger an Güter, Dienstleistungen, Versorgung und Lebensqualität werden von den Grünen ebenso in ihr politisches Kalkül gezogen, wie die gerade bei jungen Menschen vorhandene Suche nach neuen Werten.

BASISDEMOKRATIE – PROGRAMMATISCHE FORMEL OHNE REALITÄTSBEZUG

▶ *Wenn wir sagen außerparlamentarisch, soll das heißen, daß wir ein System von direkter Demokratie anzielen – und zwar von Rätedemokratie, die es den Menschen erlaubt, ihre zeitweiligen Vertreter direkt zu wählen und abzuwählen, wie sie es auf der Grundlage eines gegen jedwede Form von Herrschaft kritischen Bewußtseins für erforderlich halten. Dann würde sich die Herrschaft von Menschen über Menschen auf das kleinstmögliche Maß reduzieren.* ◀

Rudi Dutschke, 1967

▶ *Basisdemokratische Politik bedeutet verstärkte Verwirklichung dezentraler direkter Demokratie . . . Kerngedanke ist dabei die ständige Kontrolle aller Amts- und Mandatsinhaber und Institutionen durch die Basis und die jederzeitige Ablösbarkeit . . .* ◀

Die Grünen,
Das Bundesprogramm

Basisdemokratie ist ein Schlüsselbegriff in den Programmen der Grünen, mit dem das Tor zur sozialen, humaneren und gerechteren Zukunft geöffnet werden kann, mit dem allgemeine und besondere, große und kleine Probleme gelöst werden sollen. Mehr noch: Die Basisdemokratie ist ein Kultgegenstand – ein Gral, ein Mysterium –

den man weihevoll als Heilsbringer für alle nur erdenkbaren Lebenslagen preist; doch leider existiert eine Basisdemokratie nach den Vorstellungen der Grünen nirgendwo und schon gar nicht bei ihnen selbst.

Wer ist die Basis? Besteht sie aus den 40 000 Mitgliedern der Grünen, oder wird auch der engere Sympathisantenkreis hinzugezählt oder kommen alle Grün-Wähler hinzu? Ist die Basis gar das ganze Volk, das in der überwiegenden Mehrheit nur noch nicht gemerkt hat, daß allein die Grünen die richtigen Einsichten haben – von ihren unauflösbaren Widersprüchen, Grabenkriegen und fortwährenden Meinungsumschwüngen einmal abgesehen?

Die Grünen haben sich dem imperativen Mandat verpflichtet, verstanden als ständige Kontrolle und jederzeitige Ablösungsmöglichkeit aller Amtsinhaber und Institutionen durch die Basis. Mehr noch: Die Bürgerinitiativ-, die Umweltschutz-, die Antikernkraft-, die Friedens-, die Alternativ- und Frauenbewegung sollen neben den Parteimitgliedern ständige Kontrollrechte haben und sogar bei der Kandidatenaufstellung berücksichtigt werden, auch wenn sie keine Mitglieder der Grünen sind.

Doch die Grünen halten sich nicht an ihre selbst aufgestellten Zielsetzungen, und zwar nicht etwa deshalb, weil das imperative Mandat gegen Artikel 38 des Grundgesetzes steht (Die Abgeordneten „sind Vertreter des ganzen Volkes, an Aufträge und Weisungen nicht gebunden und nur ihrem Gewissen unterworfen“.), sondern weil basisdemokratische Vorstellungen von ihnen selbst oft nicht gewollt und meistens unpraktikabel sind. So ist die Basis eigentlich immer nur die Gruppe der gerade Anwesenden, und wer bei einer anstehenden Entscheidungsfindung anwesend ist, läßt sich auf vielfältigen Wegen steuern. Gerd Bastian hat sich schon sehr früh in aller Öffentlichkeit darüber beschwert, daß augenfälligerweise gerade bei Positionsbesetzungen die Vertreter der revolutionär-kommunistischen Gruppen über eine unverständlich „große Basis" verfügen.

Die Grünen haben zu Beginn ihres politischen Wirkens mit großer moralischer Gebärde und viel Selbstbeweihräucherung das Rotationsprinzip – gegen die Grundsätze einer repräsentativen Demokratie – eingeführt. Das Rotationsprinzip sollte gegen Machtkonzentration, Personenkult und Ämterhäufung wirken, es sollte die personelle Basis politisch fähiger Mitarbeiter stärken und eine wirksame Kontrolle der Mandatsträger durch die Nachrücker gewährleisten. Kurz: Zwischen grünen Repräsentanten und Basis sollte ein ständiger, rasch wechselnder Austausch vorgenommen werden. Doch auch die Rotation, als wichtige Errungenschaft der Basisdemokratie gefeiert, wird von den Grünen immer mehr abgebaut.

So wenig sich die Grünen selbst an ihre eigenen Dogmen und Vorstellungen von direkter Demokratie halten, so sehr propagieren sie ein basisdemokratisch gesteuertes Gemeinwesen, das regional, dezentral, sich selbst verwaltend organisiert ist, als eine wahrhaft humane, weil herrschaftsfreie Lebensform.

Und so entstehen Paradoxien: Die Grünen polemisieren und streiten gegen Parteien, Parteikarrieren und Hierarchien und wollen selbst nur eine lose Assoziation, eine lockere Bruderschaft des Protestes sein. Zugleich möchten sie unbedingt eine starke Partei sein, im Parlament und in der Gesellschaft Macht ausüben, und so kämpfen sie verbissen um Macht und Machtpositionen.

Sie verstoßen gegen ihre eigenen Grundsätze basisdemokratischer Lebens- und Gesellschaftsgestaltung und verachten die bestehende repräsentative Demokratie als Spektakel der Volksverdummung und Verschleierung ungerechter Herrschaftsverhältnisse. Zugleich nutzen sie alle Mittel, Gremien und Instanzen der verachteten Demokratie, um sich und die eigene Partei im Kampf gegen das System zu stärken.

Und da man nicht zugleich drinnen und draußen, oben und unten, vorn und hinten sein kann, streitet man hin und her, ob man nun vornehmlich im außerparlamentarischen Raum basisdemokratischer Graswurzelrevolution (langsam von der Wurzel bis in die Spitze aller Institutionen wachsend) zu betreiben habe, oder ob man sich auch noch ein „parlamentarisches Spielbein" leisten könne. Man streitet darüber, ob man eine generelle Verweigerung gegenüber allen Planungen und Handlungsvollzügen der Etablierten üben solle, bis das System zusammenbricht, oder ob man zur Durchsetzung von Teilinteressen wenigstens von Fall zu Fall konstruktiv in den Gremien arbeiten soll, in die man sich hat hineinwählen lassen.

Es ist schon eigenartig: Während den etablierten Parteien jede sprachliche Ungeschicklichkeit, jeder taktische Mißgriff, jede Widersprüchlichkeit – von Führungsschwächen, Flügelkämpfen, Konzeptlosigkeit ganz zu schweigen – übelgenommen werden, finden wohlmeinende Publizisten den grotesken Meinungswirrwarr in für unsere Demokratie existentiellen Fragen bei den Grünen noch liebenswürdig, anregend, beachtens- und bedenkenswert.

Während sich die Grünen auf ihren Bundes- und Landesparteitagen in immer gleichen Abläufen über die Fundamente ihres Denkens und Handelns streiten, reichen sie doch zugleich impressionistisch vage Bilder von der neuen Gesellschaft mit der „volldemokratisierten Demokratie" herum.

Man kennt diese Bilder schon von der APO. Seit Ende der 60er Jahre wird die These wiederholt, daß die Herrschaft von Menschen über Menschen beendet werden müsse. Ein System permanenter Wahl und Abwahl solle und könne dafür sorgen, daß individuelles Wollen und gesamtgesellschaftliches Interesse stets in Einklang gehalten werden. Schon die Außerparlamentarische Opposition betonte unermüdlich, daß Rätesysteme das Ende der Herrschaft, das Ende der Entfremdung und die Gleichheit aller bringen würden.

Ein Rätesystem soll wie eine Produktionsgenossenschaft, die zwischen 2000 und 5000 Personen umfaßt, funktionieren. In dieser regionalen Kleingemeinschaft würden dann die politischen, gesellschaftlichen und ökonomischen Entscheidungen im engen Rahmen gefällt. Um auch übergreifend arbeiten zu können, sollen Delegierte für eine höhere Entscheidungsebene gewählt werden und auf der obersten Ebene soll eine Art Zentralkomitee wirken. Periodische Wahlen sind allerdings nicht vorgesehen, vielmehr soll ein System der permanenten Wahl und Abwahl die Herausbildung von Machtstrukturen verhindern. Um zu vermeiden, daß von Sach- und Fachkenntnis und vom Wissen des Spezialisten Macht ausgehen kann, soll ein System der permanenten Job-Rotation installiert werden.

Die Grünen haben keine schlüssige politische Konzeption; ihre Theorien und Handlungsweisen sind voller Widersprüche. Die basisdemokratischen Vorstellungen der Grünen sind von den Klassikern des Marxismus und den Theoretikern der Außerparlamentarischen Opposition entlehnt. Basisdemokratie steht zwar als zentraler Schlüsselbegriff in allen Programmen, wird aber nicht einmal in den eigenen Reihen konsequent praktiziert. Die Vorstellung, ein ganzes Volk könnte sich selbst basisdemokratisch, ohne jede Machtausübung und in ständigem Einvernehmen aller verwalten, ist nicht nur utopisch, sondern auch inhuman, weil die Vielfalt menschlichen Lebens unter ein Prinzip gezwungen werden soll.

VERACHTET UND ÜBERFORDERT: DIE REPRÄSENTATIVE DEMOKRATIE

▶*Die Grünen haben sich zum Ziel gesetzt, die Parlamente abzuschaffen . . .*◀

Gertrud Schilling, Die Grünen

▶*Jede Demokratie . . . ist das Resultat von Rechtsbruch . . .*◀

Joseph Fischer, Die Grünen

Daß die grünen rätedemokratischen Utopien eine so beachtliche Attraktivität entwickeln konnten, führen Kritiker unter anderem auch auf das Versagen unseres Bildungssystems in den 70er Jahren zurück. Statt in geschichtlichen Zusammenhängen denken zu lehren, wurde vordergründig und punktuell politisiert. So gingen wichtige Einsichten und im Laufe der Geschichte leidvoll gemachte Erfahrungen verloren. Um in fairer und realistischer Weise das eigene Gemeinwesen beurteilen und kritisieren zu können, muß man sich klarmachen, was eine Demokratie leisten kann und soll und was nicht. Folgende Überlegungen sollten bei der Urteilsfindung und Bewertung nicht fehlen:

Demokratie heißt wörtlich „Volksherrschaft“, doch dies kann nicht bedeuten, daß das Volk als Ganzes Herrschaft ausübt. Der Gedanke der Selbstregierung gleichberechtigter, gleichgestellter und freier Bürger, die über alles mitbestimmen und an allem mitwirken, konnte auch in den kleinen Stadtstaaten der griechischen Antike (der Wiege unserer Demokratie) nicht verwirklicht werden, er kann schon gar nicht in den Großstaaten arbeitsteilig schaffender Industrienationen Realität werden.

Demokratie blieb in der Geschichte (besonders in der Geschichte Deutschlands) über Jahrhunderte ein unbekanntes, oder ein ungeliebtes und immer äußerst gefährdetes Wesen. Der praktische Durchbruch als moderne Staatsform gelang erst mit ihrer Entwicklung zur repräsentativen Demokratie, die sich vor allem an der Regierungsform der Vereinigten Staaten von Amerika als „Modell" orientierte. Damit wurde Demokratie auch in Großstaaten möglich. Ihre Leitidee ist das Bestreben, möglichst viele Menschen an der Herrschaft teilhaben zu lassen, ohne daß es zu einer Selbstregierung des Volkes kommen kann; doch die herrschende Gewalt ist immer auf das Vertrauen der Beherrschten angewiesen.

In der modernen repräsentativen Demokratie wird jede Regierung durch Wahlen legitimiert. Die Entscheidung des Wählers bleibt korrigierbar, er kann sein gegebenes Vertrauen wieder entziehen. In regelmäßigen, im voraus festgelegten Abständen werden die herrschenden Volksvertreter durch Wahlen entweder neu bestätigt oder abgelöst.

Macht wird jedoch nicht nur durch Wahlen kontrolliert, sondern auch durch regionale Teilgewalten (Länder, Kommunen) sowie durch ein ausgeklügeltes und ausbalanciertes System nebeneinanderstehender Herrschaftsträger, Kontroll- und Legitimationsinstanzen (Bundestag, Bundesrat, Bundeskanzler, Bundesregierung, Bundespräsident, Wehrbeauftragter, Petitionsausschuß, Gerichte usw. . .).

Das Mehrheitsprinzip – als unersetzbarer und daher unverzichtbarer Notbehelf – hat das Ziel, möglichst viele Menschen in einem Grundkonsens zur Regierung und in Freiheit zu halten. So wenige wie möglich sollen gezwungen werden, sich von einer ungeliebten Macht beherrschen zu lassen. Die repräsentative Demokratie eröffnet vielmehr immer neu die Möglichkeit, die herrschende politische Gruppe durch andere Gruppierungen zu ersetzen, so daß die Minderheit (Opposition) die Chance hat, zur Mehrheit (Regierung) zu werden. Demokratische Herrschaft ist zeitlich beschränkte, daher korrigierbare und somit auch kontrollierbare Herrschaft. Wer sich aber – wie es die Grünen tun – zum selbsternannten Sachwalter besserer Einsichten und des richtigeren Bewußtseins aufspielt und sich gegen die Entscheidung der Mehrheit stellt, legt die Axt an die Wurzel demokratischer Willensbildung.

In letzter Vollkommenheit muß die Demokratie eine Utopie bleiben, weil ihre Zielsetzungen in einem Spannungsfeld zueinander stehen, ja gegeneinander konkurrieren.

Die Ökonomen haben ihre Probleme mit dem magischen Drcicck oder gar Sechseck, weil sich die Ziele

- Vollbeschäftigung
- Stabilität des Geldwertes
- Ausgleich der Zahlungsbilanz
- angemessenes Wachstum
- freie Lohnbildung
- Preisbildung

nur schwer miteinander vereinen lassen.

Der Gedanke der größtmöglichen individuellen Freiheit und das Streben nach Gleichheit und Brüderlichkeit (Solidarität), die Vervollkommnung der Eigenidentität, der Selbstverwirklichung und die repräsentative Vertretung durch andere stehen in einem unauflöslichen Spannungsverhältnis zueinander, zumal wir es in der Demokratie mit der pluralistischen Meinungsvielfalt eigenständiger Menschen zu tun haben, aber nicht mit einer Idee oder einem Ideal von Menschen. Menschen sind eigensinnige und fehlbare Wesen.

Solange die repräsentative Demokratie existiert, versuchen die Grünen ihr durch Volksbefragungen und Volksbegehren basisdemokratische Elemente zu verleihen.

Nach dem üblichen Handlungsmuster der Grünen – erlaubt und legitim ist alles, was meinen Zielen nützt – versuchen die Grünen das Volksbegehren dann einzusetzen, wenn die Ergebnisse nach aller Wahrscheinlichkeit in ihrem Sinn ausfallen oder wenn politisches Kapital aus solchen Aktionen zu schlagen ist. Anderenfalls zieht man es vor, das Mehrheitsprinzip in Frage zu stellen, den Wählerwillen zu mißachten und von der qualitativ bedeutenderen und daher entscheidenden Minderheitsmeinung zu sprechen.

Die allgemeine Verängstigung und Verunsicherung in der Bevölkerung nach der Katastrophe von Tschernobyl legte es nahe, die „Aktion Volksentscheid gegen Atomanlagen“ ins Leben zu rufen. Ort der Handlung ist Nordrhein-Westfalen, das, wie manche andere Länderverfassungen auch, dieses Instrument politischer Willensbildung zuläßt.

Der strategisch denkende Initiator des nordrhein-westfälischen Volksbegehrens, Otto Schily, hatte schnell erkannt, daß sich für die Grünen mehrere Ziele zugleich erreichen ließen:

1. Die Grünen können sich als Leitfiguren und Handlungsträger vor einem breiten Sympathisantenkreis profilieren und dabei verdeutlichen, daß grüne Ideen auf einen breiten Konsens stoßen. In der Tat unterstützen die Aktion Volksentscheid zahlreiche Gruppen der beiden Kirchen, die Jungsozialisten, der Bund für Umwelt und Naturschutz u. a.

2. Die Grünen können ihre Sozialisierungs-, Vergesellschaftungs- und Selbstverwaltungsgedanken als interessantes und mehrheitsfähiges Konzept ins Gespräch bringen. So verlangt das Volksbegehren, die Betreiber von Kernkraftwerken zu enteignen, die atomaren Anlagen zu verstaatlichen und dann stillzulegen.

3. Die Grünen zwingen den Kanzlerkandidaten der SPD und Ministerpräsidenten dazu, über die Zulassung oder Nichtzulassung des Volksbegehrens zu entscheiden. Damit steckt er in einer Zwickmühle. Plädiert er für die Zulassung, ist der von den Grünen gewünschte Konflikt mit dem Bund vorprogrammiert. Zudem müßte Nordrhein-Westfalen ungezählte Milliarden an Entschädigung leisten. Lehnt Rau aus diesen und anderen Gründen das Volksbegehren ab, provoziert er den Vorwurf, die SPD verweigere die in der Verfassung des Landes verankerte plebiszitäre Willensbildung. Zudem könnte der Verfassungsgerichtshof des Landes angerufen werden, und mit allem ließe sich trefflich Bundestagswahlkampf betreiben.

Das Volksbegehren ist ein heikles Instrument; es dramatisiert, polarisiert, emotionalisiert, irrationalisiert und schafft Gefahren der Manipulation bei der Formulierung der Fragestellungen. Im Gegensatz zur Verfassung der Weimarer Republik, die gerade wegen einer Vielzahl plebiszitärer

Elemente leicht zu erschüttern war, sieht das Grundgesetz keine Plebiszite gegen den Bundesgesetzgeber vor – mit Ausnahme der Neugliederung von Ländergrenzen. Das beruhigt bei der „Aktion Volksentscheid gegen Atomanlagen“, denn nach dem Bundesatomgesetz ist für die Betreibung von Kernkraftunternehmen aller Art der Bund zuständig.

Die Grünen überfordern die repräsentative Demokratie. Sie wollen, daß alle alles mitentscheiden, mitbesitzen, mitbestimmen, mitorganisieren und mitverwalten sollen. Als hilfreiche Instrumente, die diesem Ziel vor Erreichen der Basisdemokratie dienen können, sollen Volksanhörung, -begehren und -abstimmung eingesetzt werden. Komplizierte, vieldimensionale und unerhört komplexe Entscheidungen sollen auf einfache Ja- oder Nein-Strukturen reduziert werden, über die dann in emotional aufgeheizter Atmosphäre abzustimmen ist.

DIE KAMPFINSTRUMENTE: GEGENGEWALT UND SOZIALER WIDERSTAND

▶*Ich behaupte nicht, daß Gewaltlosigkeit als Prinzip der Strategie angewandt oder gepredigt werden muß. Ich setze keineswegs Humanität und Gewaltlosigkeit gleich, im Gegenteil, ich habe von Situationen gesprochen, in denen es genau im Interesse der Humanität liegt, Gewaltlosigkeit zu vermeiden und zur Gewalt überzugehen.*◀

Herbert Marcuse, 1967

▶*Die Einschränkung legalen Handelns zwingt uns dazu, mit der staatlich verordneten Legalität zu brechen . . . Legitim sind Blockaden an Stationierungsorten und an naturzerstörenden Projekten und so legitim muß der Generalstreik werden.*◀

Rainer Trampert, Die Grünen

Wo soziales Zusammenleben stattfindet, müssen Spielregeln beachtet werden. Wer sie verletzt, stört den Frieden und die Geborgenheit, die Menschen brauchen. Die gesetzten Rahmenbedingungen zu beachten, heißt aber nicht, Friedhofsruhe zu verordnen, denn unsere Demokratie ist lebendig und voller innerer Spannungen. Sie fordert von einem jeden Aktivität, Phantasiefähigkeit, Erneuerungswillen, Veränderungs- und Reformarbeit und immer neuen Einsatz.

Diesen Zielen scheinen sich auch die Grünen verpflichtet zu haben. Sie wollen all ihr Denken und Tun an vier Maximen orientieren, nämlich in der Verfolgung ihrer Ziele stets
▶*ökologisch, sozial, basisdemokratisch und gewaltfrei*◀ zu handeln.
▶*Wir streben eine gewaltfreie Gesellschaft an, in der Unterdrückung von Menschen durch den Menschen und Gewalt von Menschen gegen Menschen aufgehoben ist. Unser oberster Grundsatz lautet: Humane Ziele können nicht mit inhumanen Mitteln erreicht werden*◀,
heißt es im Bundesprogramm der Grünen. Doch nach der Interpretation der Grünen ist das bestehende Gesellschaftssystem voller Gewalt und Terror, voll Unterdrückung und Ausbeutung, voll illegaler Macht und Versklavung, voll Zerstörung, Vergiftung, Vernichtung . . .

Die Grünen sind ungemein erfinderisch, wenn es darum geht, die Wirtschafts- und Gesellschaftsordnung zu diffamieren und mit immer neuen Negativetiketten zu versehen. Als charakteristische Merkmale des Staates gelten: Überwachung, Bespitzelung, Klassenjustiz; Unterdrückung, soziale Verelendung, Berufsverbote; aber auch Machtgier, aggressive Hochrüstung und Neokolonialismus.

Wirtschaft und Industrie werden mit Begriffen belegt wie Kommandogewalt des Kapitals, der Multis und Konzerne; gnadenloser Leistungsdruck und Wettbewerb; Arbeitsplatzvernichtung, Entfremdung und Ausbeutung; Vergeudung von Rohstoffen und Energien; Zerstörung und Vergiftung der Umwelt, Konsumterror und Versklavung unter das Diktat der Maschinen . . .

Die Realität der Welt, in der wir seit über vierzig Jahren frei und sicher leben, interessiert nicht mehr; statt dessen wird ständig eine zweite Wirklichkeit im Zerrspiegel grüner Verleumdung vorgeführt. Nach der Sichtweise der Grünen scheinen immer nur Schrittchen zu fehlen, bis schon in dieser Welt das eigentliche Höllentor erreicht und durchschritten ist. Die Verantwortlichen in Wirtschaft und Staat werden zu Unpersonen, zu Unmenschen stilisiert und als herrschsüchtige Peiniger der Menschheit gezeichnet.

Eine Kostprobe für solche Denkweise bietet die im Mai 1986 auf der Bundesversammlung der Grünen in Hannover gehaltene Begrüßungsrede von Walter Moßmann. Eine etwas ausführlichere Zitierung seiner Ausführungen zur Katastrophe von Tschernobyl mag als Beispiel dienen:

▶ *Irgendwelche Clowns laufen mit absolut lächerlichen Geigerzählern durch die Gegend und tun sich wichtig. Irgendwelche Dummköpfe geben Meßwerte bekannt, die ihnen nicht allzuhoch erscheinen. Wo ich hinschau, absurdes Theater. Hinter allen Schreibtischen sitzen Inkompetenz und Ignoranz und klammern sich an Grenzwerte und Weisungen von oben. Aber an höherer Stelle ist der Grenzwert für Ignoranz längst überschritten, und der Grenzwert für Frechheit erst recht. Dieses notorische Lügenmaul, Herr Minister Zimmermann, deklariert, eine Gefährdung der Bevölkerung sei nicht gege-*

ben, obwohl er weiß, daß er es nicht wissen kann. Aber bis das Gegenteil einmal statistisch bewiesen wird, ist der Dreckskerl längst um die Ecke und hat von alldem nichts gewußt.

Dann werden die Kronzeugen der Atom-Mafia vorgeführt: eiskalte Geschäftsleute, wissenschaftliche Hasardeure, Spielernaturen, die auf der Suche nach eleganten Lösungen eines Problems kein Risiko scheuen, oder ganz platt Reklame-Fachleute; die würden nun auch noch Rattengift als Appetithemmer verkaufen. Aber ich bin noch lange nicht durch, durch die Geisterbahn, diese Horror-Show der Verantwortlichkeit . . .

Und dann ist der Weltwirtschaftsgipfel in Tokio TOP 1 in den Nachrichten. Lapidar wie immer: Die Russen sind bös, weil sie heimlichtun. Die westlichen Atomanlagen sind gut, weil nützlich und sicher. Das Hauptproblem sei der internationale Terrorismus, die „Geißel der Menschheit" . . .

Mein Gott, wie groß ist eine Disko in Berlin – wie groß ist Ost-, Nord- und Mitteleuropa? Wie ärmlich nimmt sich eine handelsübliche Attentats-Bombe aus neben einem Reaktor, der die tausendfache Strahlung einer Hiroshima-Ladung freisetzen kann.

„Terrorisieren" heißt: „Schrecken verbreiten". Wer einen ganzen Kontinent in Schrecken versetzt, ist ein Terrorist . . .

Die Interessen des Atomstaats sind unseren Interessen entgegengesetzt. Der Atomstaat hat keinen Anspruch auf Loyalität. Der Atomstaat hat keinen Anspruch auf bürgerlichen Gehorsam . . .

Es muß uns gelingen aus unseren eigenen Kräften einen angemessenen Gegendruck zu entwickeln, dem ökonomischen Druck einen ökologischen Druck entgegenzusetzen,

- ▶ *dem Atomstaat die Loyalität aufkündigen,*
- ▶ *den Atomstaat tatsächlich unregierbar zu machen.*◀

Diese Rede wurde von der Bundesversammlung der Grünen mit großem Beifall aufgenommen.

Die Grünen sprechen sich nachdrücklich dagegen aus, Widersachern durch unmittelbare körperliche Angriffe zu schaden, es kann aber kein Zweifel daran bestehen, das sich Extremisten in der Atmosphäre der totalen Verketzerung der Wirtschaftssysteme und ihrer Repräsentanten darin bestärkt sehen, gegen die vermeintlich Hauptschuldigen auch mit unmittelbarer Gewalt vorgehen zu müssen.

Auch nach Meinung der Grünen muß sich gegen das herrschende zerstörerische System Widerspruch regen, mehr noch: Es zu beseitigen, muß zum humanen und moralischen Anliegen werden. Die herrschende vernichtende Gewalt fordert Gegengewalt heraus. Solche Gegengewalt ist ▶*unter Umständen*◀, wie das Bundesprogramm der Grünen erläutert, ▶*nicht nur legitim, sondern auch erforderlich*◀. Wann die Umstände so sind, daß Gegengewalt eingesetzt werden darf und muß, entscheiden die Grünen aus eigener selbstherrlicher

Machtvollkommenheit ebenso, wie sie die Mittel des „sozialen Widerstandes“ und des „zivilen Ungehorsams“ festlegen. Zum „gewaltfreien“ Kampfarsenal der Grünen gehören Streiks, Boykotte, Demonstrationen; Mahnwachen, Schweigemärsche, Protestversammlungen; Behinderungen, Besetzungen, Belagerungen, Blockaden; bewußtes Übertreten ▶*ungerechter Gesetze und Verordnungen*◀; aber auch ▶*Steine können Argumente*◀ im sozialen Widerstand sein.

Die theoretische Begründung von Gewalt, aber auch eine große Palette taktischer Einsatzformen – vom Sitzstreik bis zum Stromzahlungsboykott, von der Verkehrsbehinderung bis zur Gebäudebesetzung, vom Happening bis zur „direkten Aktion“ – konnten die Grünen wiederum von der Außerparlamentarischen Opposition übernehmen. Sie hatte ebenfalls die Auffassung vertreten, daß Gewalt unter bestimmten Voraussetzungen ebenso legitim wie moralisch notwendig sei. Gewaltanwendung (als Gegengewalt gegen Militär, Polizei, Justiz, Presse usw. interpretiert) hatte Herbert Marcuse dialektisch zu rechtfertigen gewußt; ebenso hatte er die „große Verweigerung“ gegenüber den Anforderungen der Industriegesellschaft als Mittel der Systemüberwindung propagiert. Auch die feinsinnig moralische Unterscheidung zwischen „Gewalt gegen Sachen“ und „Gewalt gegen Personen“ stammt aus den Zeiten der APO.

Gestern wie heute argumentiert und handelt man nach dem gleichen Schema: Gemessen an der Gewalt der Nachrüstung, an den Zerstörungen durch Industrieansiedlungen, Kraftwerk- oder Flughafenbau, an der Macht der Justiz, der Polizei, der konservativen Presse usw. usw. sind die Widerstandsaktionen der Grünen vergleichsweise bescheiden, maßvoll und auf jeden Fall moralisch gerechtfertigt. Nicht Staat und Gesetz sorgen für Recht und haben das alleinige Gewaltmonopol, sondern die Grünen nehmen aufgrund ihres Gewissens, ihrer besseren Einsichten und höheren Moral für sich ein Ausnahmerecht in Anspruch.

Alexander Schubart, Frankfurter Startbahn-Gegner, beschreibt die Polizei so:
▶*Da marschiert also wirklich eine Bürgerkriegsarmee in den Wald, die wild auf friedliche Demonstranten draufschlägt . . .*◀

Marieluise Beck-Oberdorf erklärt:
▶*Was ist denn zum Beispiel das Werfen eines Steins im Verhältnis zu dem ungeheuren Gewaltpotential, das in den Sprengköpfen dieser Atomraketen steckt?*◀

Solche Beispiele der dialektischen Begründung von Gewaltaktionen lassen sich beliebig fortführen. Mit ihren Übergriffen schaffen die Grünen – wohlkalkuliert – ein Dilemma: Der Staat muß die Freiheit, das Recht und den Schutz seiner Bürger gewährleisten. Verstoßen nun Minderheiten mit ihrer Sondermoral gegen die geltenden Regeln, muß der Staat die Ordnung wiederherstellen. Doch „law and order“ haben keinen guten Klang, denn sie schaffen Freiheitsverluste. Sicherheit und Freiheit werden in ein Spannungsverhältnis gebracht. Nicht die schweren, sondern die leichten Verstöße gegen die Spielregeln der Demokratie erweisen sich dabei als besonders tückisch. Die Beispiele hierfür sind Legion: Im „Akt der Betroffenheit“ weichen Protestgruppen „spontan“ vom vorgeschriebenen Demonstrationsweg ab und fordern so die Ordnungskräfte heraus. Geschieht nichts, läßt sich die Schraube der Provokation weiter anziehen; greift aber die Polizei aus Rechts- und Sicherheitsgründen ein, kann man beweisen, wie gewalttätig faschistische Büttel des Staates gegen friedliche Proteste agieren. Die Grünen selbst brauchen für die öffentliche Meinungsbildung meist nicht viel zu tun, das besorgen dann für sie die progressiv kritischen Medien. Für so manchen Radikalen sind inzwischen auch Polizisten zu Unpersonen geworden, die wie Sachen zu dem Verteidigungsarsenal des bekämpften Gewaltsystems gehören. Gewalt gegen Sachen aber läßt sich nicht immer vermeiden . . .

Wenn sich die Grünen zu selbsternannten Wächtern einer höheren Moral aufspielen und zu ihrer Durchsetzung Pressionen, Nötigungen und Gewaltakte als notwendig und legitim betrachten, dann spielen sie mit dem Feuer und zündeln an der Demokratie. Die Gewaltaktionen militanter Autonomer und Chaoten in Brokdorf, Grohnde, Wackersdorf könnten auf dem Boden von Diffamierung und Verhetzung gedeihen und auch deshalb im Umfeld friedlicher Demonstranten geschehen, weil gerade auch die Grünen dafür gesorgt haben, daß die Distanz mancher Bürger zu Gewaltaktionen nicht mehr eindeutig ist.

Der Begriff der Gewaltfreiheit – wie ihn die Grünen verwenden – ist unaufrichtig und verlogen. Das herausgenommene Recht auf „Gegengewalt“ beruht auf subjektiven Lageeinschätzungen und ist völlig willkürlich. Die Grünen können weder ein Recht auf Notwehr noch auf Widerstand für sich in Anspruch nehmen. Das Grundgesetz sieht ein Widerstandsrecht nur bei schwersten Angriffen auf die freiheitlich-demokratische Ordnung vor – etwa bei einem Staatsstreich.

DAS ENDE DER SOZIALEN MARKTWIRTSCHAFT

▶*Der Weltmarkt ist die Heilige Kuh . . .*◀

▶*Das Auto war jahrzehntelang das goldene Kalb der bundesdeutschen Industriegesellschaft, um das sich alles drehte; keine Altpartei wagte, es anzutasten . . .*◀

Die Grünen, Umbau der Industriegesellschaft

▶*Wenn wir gefragt werden, ob das Ideal der sozialen Gerechtigkeit im Rahmen der Marktwirtschaft verwirklicht werden kann, sagen wir nein . . .*◀

Thomas Ebermann, Die Grünen

Wie die Grünen der repräsentativen Demokratie den Kampf angesagt haben, so auch der Wirtschaftsordnung in der hochtechnisierten Industriegesellschaft. Sie sind überzeugt, daß es in der Bundesrepublik Deutschland nicht zu wenig industrielle Produktion gibt, sondern zu viel. Sie sind grundsätzlich gegen jegliches quantitatives Wachstum und wollen die Großkonzerne in Kleinbetriebe entflechten und von den dort Arbeitenden demokratisch selbstverwalten lassen. Sie wollen Arbeitsteilung und Spezialisierung aufheben und eine demokratisch kontrollierbare Anwendung der Technik.
▶*Es geht im Kern darum, daß die Betroffenen selbst Entscheidungen darüber treffen, WAS, WIE und WO produziert wird.*◀

Mit dem im Frühjahr 1986 vorgelegten Entwurf des Programms „Umbau der Industriegesellschaft" soll das System der sozialen Marktwirtschaft durch eine basisdemokratische und ökologische Form des Wirtschaftens abgelöst werden. Um ihr Ziel zu erreichen, legen die Grünen die Axt an die Wurzeln der Wettbewerbswirtschaft:

▶ Wachstum ist für die Grünen nicht eine Quelle wirtschaftlichen und sozialen Fortschritts, sondern der Verursacher von Rohstoffverschwendung, Umweltzerstörung und schließlich von Totalausplünderung unseres Planeten. Folglich heißt es programmatisch zum Umbau der Industriegesellschaft:

▶ *Wachstum als möglichst hoher Warenausstoß gilt nicht länger als wirtschaftliches Ziel; denn das herrschende Industriesystem zerstört seine natürlichen Grundlagen, je mehr es sich ausdehnt. Das Gerede vom qualitativen Wachstum verdeckt nur, daß es auch hierbei letztlich darum geht, gesamtwirtschaftliches Wachstum . . . beizubehalten.*◀

▶ Nationaler und internationaler Wettbewerb und Handel bedeutet für die Grünen nicht Gütervermehrung, Produktverbesserung, steigenden Wohlstand und mehr Lebensqualität, sondern unerträglichen Leistungsdruck, Vermehrung „überflüssiger" Güter und Dienstleistungen, verstärkte Anwendung von Hochtechnologie und schließlich Ausbeutung aller Schwachen, vornehmlich in der Dritten Welt.

Die Programme der Grünen sehen den Ausstieg aus der Exportwirtschaft und damit aus der internationalen Arbeitsteilung als geeignetes Mittel der Problemlösung an. Sie fordern die Produktion in lokalen und regionalen Wirtschaftsräumen, um nach dem Grundsatz „small is beautiful" mit bescheidenen

Mitteln nur das wirklich Lebensnotwendige herzustellen. Der Abgeordnete der Grünen, Burgmann, hat in einer Rede vor dem Bundestag das wirtschaftspolitische Ziel der Grünen so umrissen:

▶*Es geht nicht um Wirtschaftswachstum oder um Haushaltskonsolidierung oder um Unternehmergewinne. Es geht um eine Wirtschaftspolitik, in der ohne Wachstum durch sinnvolle Produktion nützliche Dinge hergestellt werden . . . mit dem Ergebnis, . . . daß wir selbst bei sinkendem Bruttosozialprodukt wirtschaftliche und menschliche Gewinne erzielen können.*◀

▶ Eigentum an Produktionsmitteln kann für die Grünen nicht Anreiz für Leistung und Selbständigkeit oder Instrument der allgemeinen Wohlstandsvermehrung sein, sondern ist Ausdruck der Klassenherrschaft, der Ausbeutung und der sozialen Ungerechtigkeit. „Wir Grünen betonen", heißt es im Programmentwurf „Umbau der Industriegesellschaft",

▶*daß die herrschenden privaten Eigentums- und Verfügungsverhältnisse über die Produktionsmittel eine Ursache sind für die gesellschaftliche Fremdbestimmung und die Ausbeutung von Mensch und Natur. Eigentum in privaten – aber auch in staatlichen – Händen darf nicht mehr länger Machtausübung über andere Menschen, Zerstörung der Natur und Steuerung von Wirtschaft, Gesellschaft und Politik ermöglichen.*◀

▶ Technischer Fortschritt hat für die Grünen nichts mit Schöpfertum und Gestaltungskraft, nichts mit Lebenserleichterung und Verbesserung der Arbeitswelt, nichts mit Arbeitsplatz- und Qualitätssicherung zu tun. Hochtechnik paßt überhaupt nicht in das Konzept der Grünen. Ob Mikroelektronik, Informations- und Kommunikationstechniken, ob Weltraum- oder Meeresbodenforschung, ob Kerntechnik oder Kohlevergasung bzw. Kohleverflüssigung, ob Grundlagenforschung (z. B. Elementarteilchenbeschleunigung) oder angewandte Großforschung, von den Grünen wird alles abgelehnt. Statt einer argumentativen Begründung ihrer Totalverweigerung von Hochtechnologien werden griffige Diffamierungsetiketten geliefert: Rüstungs- und Kriegsforschung, Wahnsinns- und Prestigeobjekte, Sackgassentechnologie und Zerstörungspotential. Das grüne Umbauprogramm stellt fest:

▶*Atomenergie, Schneller Brüter, Kernfusion, Kohleveredelung, Teilchenbeschleuniger, Verkabelung, maschinenlesbarer Personalausweis, Gentechnik, Weltraumforschung, Wehrforschung – Dies alles sind ausnahmslos harte Sackgassentechnologien bzw. Prestigeobjekte, die wegen ihrer technischen Unbeherrschbarkeit, ihrer bekannten oder wahrscheinlichen Risiken oder ihrer sozialen, ökologischen und ökonomischen Kontraproduktivität eingestellt werden müssen.*◀ Dieser radikale Kahlschlag im Bereich der lebenswichtigen Zukunftsforschung würde eine Einsparung von 60 Mrd. DM bis 1990 bringen, errechnen die Grünen. Daß Forschung Zukunftsvorsorge bedeutet, Investitionen in die Arbeitsplätze und das Brot von morgen sind, übersehen die Grünen. Das ist fatal genug. Schlimmer aber noch ist, daß die Grünen – auf der Basis ihrer „richtigen Einsichten“ und ihres „richtigen Bewußtseins“ – die Freiheit der Forschung radikal begrenzen, wenn nicht apodiktisch verhindern wollen. Das Programm der Grünen sorgt nicht für Umbau, sondern langfristig für geistige Verödung in der Forschung und – wie angestrebt – für den Ausstieg der Bundesrepublik aus dem Wettbewerb der Industrienationen.

▶ Rationalisierung und Produktivitätssteigerung bringt nach Auffassung der Grünen keine Verlagerung der Leistung von Menschen auf die Maschinen und damit bessere Arbeitsbedingungen, mehr Lohn und mehr Freizeit; sie sorgt auch nicht für bessere Kapazitätsauslastung, effizienten und sparsamen Einsatz von Rohstoffen und sichert auch keine Arbeitsplätze aufgrund der erreichten Wettbewerbsfähigkeit. Vielmehr entstehen immer weniger und immer schlechtere Arbeitsplätze, besonders Frauen und Jugendliche haben kaum eine Zukunftsperspektive, das ist inzwischen zum Privileg für wenige geworden.

▶ *Viele Jugendliche erleben Arbeit nur noch als Zwang, in uninteressanten Jobs ein wenig Geld zu verdienen . . . Die technologische Modernisierung und Rationalisierung bietet nur einem kleinen Teil der Arbeitsbevölkerung neue und qualifizierte Arbeitsmöglichkeiten. Gleichzeitig entsteht eine Vielzahl von monotonen, einseitigen und belastenden Tätigkeiten. Oft nimmt die gesundheitliche Belastung dadurch noch weiter zu. Weitere Rationalisierung erzeugt eine Zunahme der Arbeits-*

losigkeit. Die Computerisierung der Produktion schließt viele, insbesondere ältere Menschen aus. Sie zerstört Alltagskultur und zwischenmenschliche Kontakte.◀

Die Grünen haben das Ziel, die soziale Marktwirtschaft in der Bundesrepublik Deutschland abzuschaffen.

Wirtschaftswachstum, Wettbewerb, Privateigentum an Produktionsmitteln, technischer Fortschritt, Rationalisierung und Produktivitätssteigerung gelten nicht mehr als tragende Säulen einer erfolgreichen Wirtschaftsordnung, sondern als Hauptverursacher von Mißständen, Ungerechtigkeiten und schwersten Gefährdungen.

VERBOTE, BOYKOTTE, FORDERUNGEN – EIN SPIEL MIT DEN MILLIARDEN

▶*Leistungen sollen nicht mehr an die Wachstumsraten des kapitalistischen Systems gekoppelt werden . . .*◀

Die Grünen,
Das Sindelfinger Programm

Der Weg in eine bessere nachindustrielle Wirtschaftsordnung, die weder Wettbewerb und Leistungsdruck noch Hochtechnik und Arbeitsteilung kennt, führt einerseits über gezielte Kampfmaßnahmen, Boykotte und Verbote, andererseits über massive Forderungen. Dem Bürger, dessen Befreiung und Emanzipierung die Grünen fortwährend beschwören, wird in minutiöser Kasuistik vorgeschrieben, was er alles nicht tun darf. Die Entmündigung der Bürger wird in umfangreichen Verbotskatalogen zum Programm:

- Verbot der Betreibung von Kernkraftwerken;
- Verbot aller Müllverbrennungsanlagen, Verbot des Mülltourismus;
- Verbot der Ausfuhr atomarer Technologien, Verbot des Waffenhandels;
- Verbot des Verkaufs von „Kriegsspielzeug";

Verbote, Boykotte, Forderungen – Ein Spiel mit den Milliarden

- Verbot des Exports von „gefährlichen chemischen Stoffen“, radikale Exporteinschränkungen für Chemie- und Pharmaprodukte;
- Verbot von Asbest, PCB, Formaldehyd;
- Verbot von „schädlichen Pflanzenschutzmitteln“ und Überdüngung;
- Verbot von Massentierhaltung;
- Verbot des Fernstraßenbaus;
- Verbot der industriellen und industriefinanzierten Nutzung gentechnischer Methoden in Forschung und Produktion;
- Verbot der Glasfaserverkabelung, des Kabel- und Satellitenfernsehens, der Digitalisierung des Fernsprechnetzes;
- Verbot von Personalinformationssystemen;
- Verbot der Aussperrung;
- Verbot des Job-sharing und der Heimarbeit;
- Verbot von Stromwerbung, von Fernseh- und Hörfunkwerbung, von Zigaretten-, Süßwaren- und Spirituosenwerbung;
- Verbot von Elektrogeräten für Raum- und Wassererwärmung;
- Verbot, Trinkwasser zum Waschen von Autos, zum Spülen von Toiletten usw. zu benutzen.

Dieser Verbotskatalog läß sich fortsetzen und wäre noch durch einen Boykott-Katalog gegen allerlei Mißliebiges zu ergänzen. Ebenso ruinös wie die Verbots- und Verhinderungspolitik der Grünen wirken muß, ist ihr Forderungsverhalten:

- Drastische Verkürzung der Wochenarbeitszeit bei vollem Lohnausgleich . . .;
- Verkürzung der Lebensarbeitszeit durch längere Ausbildung und Herabsetzung der flexiblen Altersgrenze bei vollem Rentenausgleich . . .;

Verbote, Boykotte, Forderungen – Ein Spiel mit den Milliarden

- Verkürzung der Jahresarbeitszeit durch Verlängerung des bezahlten Urlaubs . . .;
- 14tägigen Bildungsurlaub für dic Tcilnahmc an Kursen für berufstätige Mütter und Väter zur Vorbereitung auf das zu erwartende Kind . . .;
- Ein bezahlter monatlicher Verfügungstag;
- Bezahlte Freistellung von der Erwerbsarbeit zur Krankenpflege zwischen 5 Tagen und 3 Jahren;
- Männer wie Frauen haben einen Anspruch auf Freistellung von der Arbeit (bis zu 3 Jahren) zur Kindererziehung und erhalten ein Betreuungsgeld;
- Jedem Alleinstehenden wird ein leistungsunabhängiges Einkommen von 1000 DM garantiert, jeder erhält eine Grundrente von 1200 DM;
- Pflegebedürftige entscheiden selbst, wo, mit wem, mit wievielen Menschen und wie sie leben wollen und erhalten die entsprechenden Mittel dafür;
- Erhöhung von BAföG und Sozialhife um 30 Prozent;
- Abschaffung der Leichtlohngruppen; Abbau von Akkord- und Fließbandarbeit und anderen Formen des Leistungsdrucks; weitestgehende Abschaffung von Nacht- und Wechselschichtarbeit . . .;
- Keine Rationalisierung gegen den Willen der Belegschaft . . . Bei rationalisierungsbedingten Entlassungen Fortzahlung des alten Lohnes bis zur Aufnahme gleichwertiger anderer Arbeit oder während einer Umschulung . . .;
- Hinterbliebenenrente für jede Witwe in voller Höhe der entsprechenden Rente des Ehemannes. Bekommen beide Ehepartner Rente, so ist bei Tod eines Partners die größere weiterzuzahlen . . .;

- Umfassende Streichung der Auslandsschulden der Entwicklungsländer;
- Verdoppelung der Mittel für den öffentlichen Nahverkehr;
- Verlegung des innerdeutschen Flugverkehrs und des gesamten LKW-Fernlastverkehrs auf die Schiene;
- Rückgängigmachung der Begradigungen und der Vertiefung von Flußbetten, Schließung von Kanälen;
- Einsatz von Methanol statt von Benzin . . .

Die Grünen, die lange Zeit jede Antwort auf die Kosten ihrer Pläne schuldig geblieben sind, haben jetzt mit dem Programm „Umbau der Industriegesellschaft“ erstmals ein Finanzierungskonzept vorgelegt. Die Qualität ist jedoch so ausgefallen, daß eine „Milchmädchen-Rechnung“ dagegen wie eine solide Kostenkalkulation wirken muß.

Gearbeitet wird nach dem Motto: Alle Aufgabenfelder und Projekte, die die Grünen streichen, sind nicht nur extrem kostenaufwendig, sondern auch völlig überflüssig, kontraproduktiv und schädlich; die eigenen Zielsetzungen hingegen sind vergleichsweise preisgünstig, vor allem lebensnotwendig, und sie ebnen langfristig den Weg in eine humane, gerechte und letztlich problemfreie neue Gesellschaft.

Der sofortige Ausstieg aus der Kernenergie ist in unmittelbaren Kosten und vor allem in den finanziellen Folgewirkungen kaum kalkulierbar. Nach Auffassung von Regierungsvertretern liegt der Wert der vorhandenen kerntechnischen Anlagen zwischen 110 und 150 Milliarden DM, hinzu kommen die Abbruchkosten. Die volkswirtschaftlichen Gesamtkosten des Ausstiegs sollen zwischen 200 Milliarden und einer Billion liegen. 350 000 Arbeitsplätze könnten verlorengehen.

Nach einem Szenario von Hessens Umweltminister, Joseph Fischer, kostet der sofortige Verzicht auf Kernenergie jährlich 6,8 Milliarden, bis zur Jahrtausendwende würden allenfalls 100 Milliarden DM Mehrkosten anfallen. In einer Informationsschrift – „Die Grünen im Bundestag. Stillegung aller Atomanlagen“ – wird dem interessierten Bürger erklärt, daß der kurzfristige Ausstieg aus der Atomenergie für ihn ohne jede Folgen möglich ist und daß wir ▶*gleichzeitig die Umweltbelastung verringern, Stromversorgung und Arbeitsplätze sichern und somit mehr an Lebensqualität gewinnen*◀ können. Die entstehenden Kosten brauchen den Bürger nach Meinung dieser grünen Information sowieso nicht zu interessieren. Sie fallen kaum ins Gewicht, zudem ist ein Einkommensausgleich zu schaffen:

▶*Insgesamt würde die Stillegung aller Atomanlagen nach Schätzung des Atomexperten Klaus Traube eine unmittelbare Kostenerhöhung der Elektrizität um 2 bis 3 Pfennige pro Kilowattstunde Strom nach sich ziehen.*

Diese Strompreiserhöhung würde für einen mittleren 3-Personen-Haushalt ca. 370 DM jährlich oder ca. 30 DM monatlich betragen. Es ist für Grüne selbstverständlich, daß für einkommensschwache Familien/Personen ein entsprechender Einkommensausgleich gesichert werden muß.◀

So überflüssig und gefährlich wie Kernkraftanlagen sind nach Meinung der Grünen alle Einrichtungen und Maßnahmen zum Schutze unserer Demokratie. Denn wofür gibt der Staat – folgt man dem grünen „Programm zur Bundestagswahl 1987“ – Geld aus? Um kriegerischen Zielen zu folgen:

▶*Schon eine kurze Betrachtung der Bundesrepublik zeigt uns das wahre Bild des Landes: Es ist auf den Krieg vorbereitet wie nie zuvor! Wir leben auf dem Pulverfaß: Nirgendwo auf der Welt lagern soviele Atomwaffen auf so engem Raum. Tieffluggebiet reiht sich an Waffenlager, an Kaserne, Schießplatz, Manövergebiet, militärischer Sperrzone, Rüstungskonzerne. Sieht so der Frieden aus?*

Millionen Menschen werden täglich mit der unfriedlichen Seite dieses „Friedens“ konfrontiert. Umgesiedelte Dörfer, militärischer Landraub, Bunkerbau in den Städten, aufgeblähter Rüstungshaushalt, verschwendete Rohstoffe. Und die Folgen dieser Politik spüren wir alle: weniger Freiheit des Einzelnen, weniger Bürgerrechte – mehr Überwachungsstaat, mehr soziales Elend.◀

Weiter erfahren wir: Die Maßnahmen des Zivilschutzes ▶*dienen nicht nur als Mittel der psychologischen Kriegsvorbereitung, sondern auch dem Ausbau einer Infrastruktur, wie sie für moderne Kriegsführungskonzepte erforderlich ist*◀.

Nach dieser Sicht der Dinge gilt es abzuschaffen: Bereitschaftspolizei, Bundesgrenzschutz und Verfassungsschutzämter sowie alle ausländischen Streitkräfte in der Bundesrepublik.

▶*Insbesondere durch den Abzug der US-Streitkräfte kann ein wirksamer Beitrag dazu geleistet werden, die vom Territorium der Bundesrepublik ausgehende Bedrohung der Staaten der Warschauer Vertragsorganisation beträchtlich zu verringern*◀,

heißt es im Programm zur Bundestagswahl 1987.

So können die Grünen eine Menge Geld zurücklegen, zumal auch an Polizei und Polizeiausrüstung und auf ganzen Feldern des Strafvollzuges kräftig eingespart wird. Eine stolze Summe wird durch die Reduzierung aller Bundeswehraktivitäten um ein Drittel gewonnen:

▶*Insgesamt lassen sich 15 Mrd. DM jährlich (gemessen an den heutigen Rüstungsausgaben) für Besseres verwenden*◀,

stellt das Programm „Umbau der Industriegesellschaft“ fest.

Wie die Grünen nichts von der friedlichen Nutzung der Kernenergie und von einer wehrhaften Demokratie halten, so gefällt ihnen auch die Institution der Ehe nicht besonders. Daher wollen sie auch 27 Milliarden durch Streichung des Ehegattensplitting bei der Einkommensteuer gewinnen.

Um endlich „dem Mythos Auto“ zu Leibe zu rücken, gilt es den Fernstraßenbau einzustellen. „Ersparnis“: 17 Milliarden DM. Durch zahllose Steuern auf alles Mißliebige – von der Verpackung über das Mineralöl bis zu Zinseinkünften – werden weitere 34 Milliarden erwirtschaftet.

Verbote, Boykotte, Forderungen – Ein Spiel mit den Milliarden

Alles in allem gewinnen die sparsamen Grünen beachtliche Milliarden-Beträge; hinterlassen aber Arbeitslosigkeit und Unsicherheit und Investitionsruinen, die den doppelten und dreifachen Wert des Eingesparten ausmachen. Doch damit nicht genug: Die vielen Milliarden werden natürlich sofort für den Umbau der Industriegesellschaft wieder ausgegeben, und zwar für: Mindesteinkommen (ohne Gegenleistung) und Grundrenten, für Fahrpreishalbierungen bei der Bundesbahn, für Landschaftspflege und ökologische Landbau-Projekte, für Alternativbetriebe und Selbstverwaltungswirtschaft, für „freie Radios" und Kommunikationszentren, für sanfte Chemie, Abfallwirtschaft und Produktionsumstellung in den Rüstungsbetrieben usw. usw.

Es gibt in der Welt keine zweite Partei, die ihre programmatischen Aussagen so reich mit Gebots- und Verbotskatalogen ausstattet wie die Grünen. Der Weg in die basisdemokratische Wirtschaftsordnung führt über Kampfmaßnahmen und Boykotte, über Verbote und maßlose Forderungen in der Höhe von vielen hundert Milliarden DM. Die wirtschaftspolitischen Vorstellungen der Grünen beinhalten nicht nur den Ausstieg aus dem Wettbewerb der Industrieländer und damit Massenarbeitslosigkeit und Massenelend, sondern sie bedeuten längerfristig den Ausstieg aus der Geschichte, die Selbstauflösung einer Nation.

DIE ÜBERSEHENE WIRKLICHKEIT: NEUE TECHNOLOGIEN, NEUE ENTWICKLUNGSCHANCEN

▶*Jeden Morgen, fünfmal die Woche, verläßt jeder abhängig beschäftigte Bundesbürger für acht Stunden den demokratischen Sektor der Bundesrepublik.*◀

Eckhard Stratmann,
Die Grünen

▶*Bei uns kann sich die Basis das Recht herausnehmen, von nichts eine Ahnung zu haben*◀, stellte der Funktionär der Grünen, Ernst Hoplitschek, in einem SPIEGEL-Interview fest. Doch was der Basis recht ist, scheint vielen Funktionären der Grünen billig zu sein. Entweder sie haben keine Ahnung oder sie sind so in die Betrachtung ihrer selbstgefertigten Schwarzmalerei vertieft, daß sie das Bild der Wirklichkeit nicht mehr wahrnehmen.

Wenn man die vorliegenden Untersuchungen der anerkannten wissenschaftlichen Forschungsinstitute zur Auswirkung neuer Technologien auf dem Arbeitsmarkt durchsieht, findet keine der Thesen der Grünen eine Bestätigung. Vielmehr lassen sich die folgenden Punkte als allgemein konsensfähige Aussagen festhalten:

Die übersehene Wirklichkeit: Neue Technologien, neue Entwicklungschancen

1. Arbeitsplätze sind nicht gefährdet, wenn Hoch- und Spitzentechnologien eingesetzt werden, sondern wenn zu lange mit herkömmlichen Verfahrensweisen hergestellte Produkte auf alten Märkten untergebracht werden müssen. Massenprodukte auf der Basis von Standardtechnologien können heute von Schwellenländern bei guter Qualität kostengünstiger angeboten werden als bei uns.

2. In der Anwendung der Mikroelektronik liegen die größten Chancen für den Arbeitsmarkt, denn sie ist die entscheidende Basisinnovation, die auch in den nächsten Jahrzehnten weiterentwickelt und ihre Innovationskraft entfalten wird. Hinzu kommen die Bereiche Energie und Umwelt; Bio-Gentechnik mit ihren enormen Möglichkeiten für Landwirtschaft, Ernährung und Gesundheit; Raumfahrt und irdische Transportsysteme; neue Werkstoffe und Lasertechnologie.

3. Nicht zu viel, sondern zu wenig technischer Fortschritt gefährdet in den Unternehmen die Qualität der Produkte, die internationale Konkurrenzfähigkeit und damit Arbeitsplätze. Gerade in den hochtechnisierten, durchrationalisierten Arbeitsbereichen, in der Elektroindustrie, im Maschinenbau, in Banken und Versicherungen sind allein im letzten Jahr viele zehntausende neuer und zusätzlicher Arbeitsplätze entstanden.

4. Rationalisierende Technik ist ein Exportfaktor ersten Ranges. An Arbeitsrationalisierung ist man auch im Ausland interessiert. Die Erzeugnisse des Maschinenbaus, der Elektrotechnischen Industrie, der Feinmechanik und Optik sowie Büromaschinen und EDV-Anlagen erreichten 1984 einen Exportwert von insgesamt 135 Milliarden DM; innerhalb von 20 Jahren hat sich dieser Teil des Export-Warenkorbs annähernd auf das Sechsfache erhöht. Hinter den Erfolgen verbergen sich nicht zuletzt die

Erfahrungen, die im Zuge von eigenen Rationalisierungsvorhaben gesammelt werden konnten. Die deutschen Hersteller von „Rationalisierungsgütern" sichern rund eine Million Arbeitsplätze.

5. Eine hohe Produktivität im industriellen Bereich schafft die Voraussetzung dafür, daß der beschäftigungsinterne Dienstleistungsfaktor wachsen kann. Die Beschäftigungsdynamik im marktwirtschaftlich organisierten Dienstleistungsbereich war erheblich. Von 1984 auf 1985 hatten wir hier einen Beschäftigungszuwachs von 200 000 Personen zu verzeichnen. Der öffentliche Sektor baut dagegen aus Gründen der Haushaltskonsolidierung kaum Beschäftigung auf. Doch der marktwirtschaftlich organisierte Dienstleistungssektor bietet

- günstige Betätigungsfelder für neue selbständige Unternehmer in kleinen Betriebseinheiten,

- für Hochqualifizierte Arbeitsmöglichkeiten in Unternehmens-, Rechts-, Sozial-, Technik- und Bildungsberatung,

- für weniger Qualifizierte gibt es Chancen im privaten Dienstleistungssektor vom Handel bis zum Haushalt.

Nun mögen diese Ergebnisse die Grünen wenig interessieren, weil für sie weder Produktivität noch Konkurrenzfähigkeit, weder Zukunftstechnologie noch Export irgendeinen Wert haben. Doch die ideelle Seite der neuen Techniken – jenseits von Effizienz, Produktivität und Wettbewerbsfähigkeit – ist von den Grünen überhaupt noch nicht ins Kalkül gezogen worden.

Gerade die Mikroelektronik bietet die Chance, mehr Entwicklungsmöglichkeiten und Freiräume für die Menschen zu schaffen. Die sich neu auftuenden Gestaltungs- und Spielräume sind faszinierend.

1970 hat das Sozialwissenschaftliche Forschungsinstitut in Göttingen großes Aufsehen mit einer Studie „Industriearbeit und Arbeiterbewußtsein“ erregt. Die Autoren, Kern und Schumann, sahen die Arbeitsteiligkeit in Zukunft weiter fortschreiten, die Mitarbeiter mit immer uninteressanteren und anspruchsloseren Tätigkeiten (Dequalifizierung) beschäftigt und nur wenige Höchstqualifizierte in den Schalt- und Leitpositionen (Polarisierung) tätig.

1984 haben die Göttinger mit den Ergebnissen einer neuen Untersuchung unter dem Titel „Das Ende der Arbeitsteilung?“ wiederum größte Aufmerksamkeit erzeugt.

Im Auftrag des Bundesministeriums für Bildung und Wissenschaft hat das Institut der deutschen Wirtschaft ebenfalls eine großangelegte Betriebsuntersuchung über die Auswirkungen neuer Technologien auf Qualifikationsanforderungen, Unternehmensorganisation und Führungsverhalten gemacht. Die vornehmlich im Bereich der Automobilindustrie, der Elektroindustrie und im Maschinenbau gesammelten Befunde stimmen weitestgehend mit den Göttinger Erhebungen überein. Obwohl es viele widersprüchliche Einzelbefunde gibt, lassen sich folgende positive Zukunftstrends ermitteln:

1. Mitarbeiter finden anspruchsvollere Aufgaben. Die Mikroelektronik eröffnet Wahlmöglichkeiten für die Arbeitsstrukturierung und die Arbeitsorganisation, die es vorher nicht in dem Maße gab: Der Mitarbeiter kann seine Qualitäten, seine Kreativität und Leistungskraft einsetzen, um mit Hilfe

etwa der CAD-Systeme in kürzester Zeit eine Fülle konstruktiver Varianten durchzuspielen und so zu neuen und besseren Produkten gelangen.

Zwischenmenschliche Kommunikation kann durch das Vorhandensein von Terminals und Computer gefördert werden, wenn der von Routinearbeit entlastete Mitarbeiter mehr Zeit für Kundenbetreuung und -beratung findet.

In dem Maße, in dem manuelle Tätigkeiten von Maschinensteuerungen, von Handhabungssystemen oder von CAD-Systemen übernommen werden, verschiebt sich die menschliche Tätigkeit zunehmend auf das Planen und das Organisieren der Prozesse, das Überwachen und Warten der Anlagen – Aufgaben also, bei denen eher die Fähigkeit des Menschen zur kreativen Problemlösung gefordert ist als die stumpfsinnige Bedienung der Apparate. Sicherlich wird es noch für geraume Zeit einen Anteil von Mitarbeitern mit simplen Tätigkeiten geben, aber ihre Zahl wird laufend abnehmen.

2. Die Arbeitszerlegung weicht zunehmend der Integration von Verzahnung früher getrennter Aufgabenbereiche. Es ist zu beobachten, wie Produktions- und Instandhaltungsabteilungen zusammenwachsen: Die Produktion übernimmt immer mehr Teilaufgaben der Wartung und der Störungsdiagnose; die Instandhaltungsabteilungen werden zunehmend in das direkte Produktionsgeschehen eingebunden. Durch die Realisierung von CAD-CAM-Konzepten sind auch Konstruktion, Arbeitsvorbereitung und Fertigung stärker miteinander verzahnt.

3. Die Smith-Taylor-Epoche geht vorüber. Mit der Mikroelektronik und den neuen Informations- und Kommunikationstechnologien eröffnen sich Perspektiven von epochaler Bedeutung, denn

die Tendenz der Vergangenheit, menschliche Arbeit immer weiter zu zerlegen, kann nicht nur verlangsamt, sondern in manchen Bereichen sogar umgekehrt werden.

Die Tendenz von Gegenwart und Zukunft heißt: Arbeitsbereicherung, Delegation von Verantwortung, Dezentralisierung, die Zusammenschau von Einzelvorgängen und ihre Vernetzung. Arbeitsplätze werden geschaffen, mit denen sich die Mitarbeiter identifizieren können. Ihre Motivation und Leistungsbereitschaft steigt.

4. In der Arbeit erleben die Menschen keine Gegenwelt zu ihren allgemeinen Interessen. Sie stellen sich auf die neuen technischen Gegebenheiten des Arbeitslebens rasch und intelligent ein. Der technische Wandel wird allgemein begrüßt. Die Frage, ob sie zum alten Zustand zurückkehren möchten, verneinten 77 Prozent dieser Mitarbeiter, da sie die Arbeit als vielseitiger und geistig anregender erfahren haben. Von wachsender Monotonie oder der totalen Entwertung früherer Erfahrungen ist nicht die Rede. Arbeitszufriedenheit besteht vor allem dann, wenn die Ressourcen der Mitarbeiter – ihr Wissen und Können, ihre Fertigkeiten und Fähigkeiten – den Anforderungen entsprechen.

5. Betriebsorganisationen, Hierarchien und Führungsverhalten verändern sich. In dem Maße, in dem sich der Facharbeiter zum hochqualifizierten mitdenkenden und mitplanenden, selbständig problemlösenden Leistungsträger entwickelt, wird sich das Verhalten der Führungskräfte verändern. Der Vorgesetzte ist nicht mehr in erster Linie autoritärer Aufgabenzuweiser und Kontrolleur, sondern Informationsvermittler und Diskussionspartner, der auch von den gesellschaftspolitischen Aspekten neuer Technologien wissen muß.

6. Arbeitsabläufe, Arbeitsinhalte und Arbeitszeiten werden flexibler. Steigende Arbeitsproduktivität geht nicht zu Lasten des Arbeitnehmers, sie wird von der Maschine erbracht. Der Prozeß der Arbeitszeitverkürzung geht weiter.

7. Die Kombination der klassischen Technik (Mechanik, Elektrik, Hydraulik und Pneumatik) mit der modernen Mikroelektronik macht es möglich, die Regelungs- und Steuerungsintelligenz in die Anlagen und in die Maschine zu verlagern. Die Fertigung wird so flexibel, daß es zunehmend besser gelingt, individuell gestaltete Produkte in kleinen Stückzahlen zu produzieren, ohne daß horrende Mehrkosten entstehen.

Individuelle Gestaltungskraft, Kunst und Technik werden sich künftig stärker miteinander verbinden. Persönlicher Geschmack und unkonventionelles Design werden an Raum gewinnen. Kreativität, Kunst und Design werden zu einem bedeutenden Produktionsfaktor.

Der Mensch kann den dynamischen Entwicklungsprozeß der Wirtschaft steuern und gestalten. Für eine evolutionäre Entwicklung der Industriegesellschaft zu einer qualitativ höheren Dimension zeichnen sich mehr positive als negative Aspekte ab.

- **Technische Innovation mit Produktivitätsfortschritt und Arbeitsplatzzuwachs,**
- **Rationalisierung und Humanisierung,**
- **Sachgesetzlichkeit mit Leistungsanforderungen und Selbstentfaltung der Mitarbeiter**

müssen keine Gegensätze sein.

Die Entwicklungsmöglichkeiten von Arbeit und Freizeit, von komplexen Arbeitsinhalten und gesteigerter Leistungsmotivation, im Abbau von Hierarchien und der flexiblen Arbeitsplatz- und Arbeitszeitgestaltung lassen eine neue Qualität des Wirtschaftens und Arbeitens zu.

DEZENTRALISIERUNG: ZERSCHLAGUNG INDUSTRIELLER STRUKTUREN

▶ *Vor uns liegt die Notwendigkeit eines grundlegenden ökologischen Strukturwandels der Gesellschaft. Notwendig ist der ökologische Umbau industrieller Produktionsstrukturen . . .*
Die vielen einzelnen Schritte, die sich in diesem Programm hoffentlich überzeugend zu einem grünen Gesamtszenario des Umbaus verbinden, sollen das Wünschbare, die konkrete grüne Utopie, mit dem innerhalb bestimmter Zeiträume technisch und ökonomisch Möglichen zusammenbringen. Wir wollen zeigen, daß und wie unsere Vorschläge umsetzbar sind. ◀

Die Grünen, Umbau der Industriegesellschaft (Entwurf)

Das Leben, Denken und Wirtschaften in großen Einheiten ist für die Grünen ein Alptraum; deshalb ist die weltweite Wirtschaftsverflechtung der großen Industrienationen zugunsten einer Produktion in regionalen, möglichst autonomen Kleineinheiten aufzulösen. Die Großbetriebe sind zu entflechten, die multinationalen Konzerne müssen aus der Wirtschaftslandschaft ebenso verschwinden wie Banken und Versicherungen.

Aber auch die Großstädte sind durch Umsiedlungsmaßnahmen in überschaubare Einheiten zu verkleinern; zentrale Großkrankenhäuser, Schulzentren, Universitäten sind aufzulösen und zu regionalisieren.

„Small is beautiful“, ist ein entscheidender Slogan der Grünen. „Dezentralisierung“ ist ein Schlüsselbegriff für den Umbau der Industriegesellschaft. Es geht nicht nur darum, industrielle Großbetriebe in mehr handwerklich orientierte Kleinbetriebe umzugestalten, sondern es geht auch um den Rückmarsch in die Urproduktion der Landwirtschaft. Produziert wird in ländlichen Kleinbetrieben bei weitestgehendem Verzicht auf Schädlings-, Unkrautbekämpfungs- und Düngemittel. Die Grünen fordern nachhaltig den Vorrang der landwirtschaftlichen Erzeugung vor der industriellen Produktion. Es ist für die Grünen nicht von Bedeutung, wie hoch der Flächenbedarf, der Arbeitskräfteeinsatz und wie teuer die landwirtschaftlichen Erzeugnisse werden müssen, wenn man zu Produktionsverfahren der Jahrhundertwende zurückkehrt. Was bedeuten auch schon Lebensstandard und Nahrungsmittelvielfalt aus aller Welt zu günstigen Preisen, wenn man die ökonomistischen, chemizistischen Produktionsweisen agrarischer Großbetriebe im EG-Agrarmarkt abschaffen und statt dessen kleinbäuerliche Existenzen mit ▶*vielfältiger Hofwirtschaft*◀ aufbauen kann mit dem Ziel von Ackerbau und Viehzucht; der ▶*Weiterverarbeitung der eigenen Produkte (Milch zu Butter, Quark und Käse, Getreide zu Brot, Vieh zu Wurstwaren)*◀; der ▶*Direktvermarktung der landwirtschaftlichen Erzeugnisse auf dem Markt der nahegelegenen Stadt*◀. Die Grünen kennen ganz offensichtlich eine bislang noch geheimgehaltene Zauberformel, mit der ein ökonomischer Grundwiderspruch auflösbar wird, nämlich wie man immer weniger produzieren und zugleich immer mehr verteilen kann.

Das Ziel der Grünen erweckt den Eindruck von Dauerferien auf dem Bauernhof, zumal sie ihre schöne neue Welt des idyllisierten Gestern zu kontrastieren wissen am düsteren Bild unserer heutigen Gesellschaft, in der vor allem die Auto-, Energie- und Chemieproduzenten ökologisches, demokratisches, soziales und humanes Leben nicht zulassen.

In der Verkehrspolitik der Grünen wird dem Auto der Kampf angesagt. Tempobeschränkungen, Erhöhung der Mineralölsteuer, der Benzinpreise und das Ende des Fernstraßenbaus sollen das Autofahren vergällen. Statt dessen soll der kommunale Nahverkehr auf Schienen ausgebaut und spottbillig werden. ▶*Die Fahrpreise bei der Bundesbahn werden mindestens halbiert*◀, heißt es im Programm „Umbau der Industriegesellschaft". Wer dennoch Auto fahren will, muß sich drastische Kostensteigerungen gefallen lassen: ▶*Der Autoverkehr muß, streng nach dem Verursacherprinzip, für alle Kosten aufkommen, die durch ihn entstehen: Straßenbau, Lärmschutz, Unfallkosten, Umweltschäden, Invalidität etc. . . Der verbleibende Autoverkehr wird kurz- und mittelfristig immer noch eine große Gefahr für Leben und Umwelt bedeuten. Daher sind konsequente Sicherheits- und Umweltauflagen notwendig. Zu nennen sind hier insbesondere: Tempolimit (30/80/100), gesetzliche Auflagen zur Erhöhung der technischen Sicherheit (Sicherheitsauto), Katalysator, Dieselfilter.*◀

In ihrer Dezentralisierungspolitik richten die Grünen ein Hauptaugenmerk auf die Energiewirtschaft, denn von ihr gehen nach ihrer Auffassung die größten Gefahren für Mensch und Natur aus. Deshalb muß eine Radikalkur der totalen Abwendung von allen bisherigen Verfahren der Energieerzeugung verordnet werden. Im Programm-Entwurf „Umbau der Industriegesellschaft" heißt es apodiktisch:

▶*Von den Atomkraftwerken geht eine technisch nicht beherrschbare*

Unfallgefahr aus; darüber hinaus geben sie im Normalbetrieb krebserregende Strahlen ab, und es gibt ernstzunehmende Hinweise, daß sie auch nicht unwesentlich am Waldsterben beteiligt sind.

Nicht entgiftete Kohlekraftwerke bilden zusammen mit dem Autoverkehr die Hauptursache für das Waldsterben und die hohe Gesundheitsbelastung durch Luftschadstoffe (Pseudo-Krupp, Lungenkrankheiten).

Der Braunkohletagebau entzieht ganzen Regionen für Jahrhunderte das Grundwasser und zerstört damit die Existenzgrundlage für Mensch und Natur. Außerdem führt er zu Zwangsumsiedlungen und zur Zerstörung unersetzlicher Ökosysteme (z. B. Hambacher Forst).

Kohleverflüssigungs- und Kohlevergasungsanlagen geben große Mengen krebserregender Stoffe in die Umwelt ab. Die derzeitige Form des Steinkohleabbaus führt zu dauerhaften ökologischen Belastungen durch Berghalden und Bodensenkungen.◀

Nun fragt sich gewiß mancher erstaunte Stromkonsument, woher die notwendig gebrauchte Energie kommen soll, wenn außer den ▶*entgifteten*◀ Steinkohlekraftwerken nur Sonne, Wind- und Wasserkraft sowie Biogas genutzt werden sollen. Die Antwort ist jedoch klar. Sie heißt: Energieeinsparung. Wo keine Großindustrie ist, wird wenig Energie gebraucht. Wo Elektroheizung und viele elektrische Geräte verboten sind, sinkt der Strombedarf. Wo die ▶*Kommunalisierung der Energieversorgung*◀ auf der Grundlage ▶*kleiner und kleinster Kraftwerke*◀ erreicht ist, kann in der Region der vorhandene Energievorrat und die Abwärme optimal genutzt werden. Wo kaum Transportwege bestehen, gibt es minimalen Energieverlust. Die bundesdeutschen Kraftwerke nutzen nur 35 Prozent der eingesetzten Primärenergie (Kohle, Öl, Gas, Uran) und ▶*verschleudern*◀ die Abwärme annähernd vollständig, erklären die grünen Techniker.

Wie man in der Welt der Grünen weitestgehend auf Autos und herkömmliche Energieversorgung verzichten kann, so ist auch die chemische Industrie im großen und ganzen überflüssig. Die Argumentation läuft nach dem hinlänglich bekannten Dreischritt:

1. Horror-Szenario
2. Radikalkur- und Kahlschlagsforderungen
3. Andeutungen kleiner, sanfter Produktionsmöglichkeiten.

Nach diesem Muster erfahren wir im Umbauprogramm über endlose Seiten, daß die Chemie die natürlichen Lebensgrundlagen zerstört, Menschen, Tiere und Natur vergiftet, in aller Welt für Katastrophen sorgt ▶*mit Tausenden von unmittelbar Getöteten und Verletzten (Bhopal) und Langzeitschäden für zukünftige Generationen (z. B. Seveso)*◀.

Die chemische Zeitbombe tickt und die Langfristwirkungen sind überhaupt nicht abzuschätzen und auszudenken:
▶ *Die ca. 60 000 von der chemischen Industrie produzierten Stoffe*

sind in ihrer Wirkung gar nicht oder nur unzureichend erforscht. Von den ca. 3000 als krebsverdächtig geltenden Stoffen sind z. B. nur 150 einigermaßen ausreichend untersucht; und jedes Jahr kommen hunderte neuer Stoffe auf den Markt, deren Langzeitwirkungen unabsehbar sind.◀
Zudem beklagt das Umbauprogramm, daß die Chemie ein gigantischer Energie- und Wasserverbraucher ist. Folglich gilt es einerseits, ganze chemische Produktionslinien stillzulegen, mit umfangreichen Herstellungs-, Import- und Exportverboten zu arbeiten und andererseits zusätzliche finanzielle Lasten zur Erreichung neuer Umweltschutzziele aufzubürden. Schließlich soll nach einer Übergangszeit der ▶*Aufbau einer sanften Chemie*◀ betrieben werden. Wie diese aussehen wird, erfahren wir in ganzen zwei Sätzen:

▶*Die Chemieindustrie soll darauf orientiert werden, nur noch Chemikalien herzustellen, deren Struktur in der Natur nichts Ungewöhnliches ist und die von Mensch und Natur ohne Schaden in ihrem normalen Biozyklus abgebaut werden können. Hierzu gibt es heute bereits Ansätze in den Bereichen Nahrungsmittel, Kosmetika, Medikamente, Kleidung und Wohnumwelt, die weiterzuentwickeln sind.*◀

Automobilindustrie, Energieversorgung und Großchemie sind tragende Säulen unserer Industriegesellschaft. Viele zehntausende kleiner Zuliefererfirmen, Dienstleistungs- und Beratungsunternehmen leben von der Zugkraft dieser Branchen. Die Grünen wollen diese besonders wichtigen Bereiche der Produktion dezentralisieren, entflechten, in Formen gesellschaftlichen Eigentums und selbstverwalteter Betriebe überführen oder rekommunalisieren. Die Grünen wissen genau: Wenn diese Ziele erreicht sind, haben sie die entscheidenden Lebensadern einer Industrienation und damit ihre Existenz zerstört. Die nachindustrielle Gesellschaft kann beginnen.

WIRTSCHAFTSDEMOKRATIE: VERGESELLSCHAFTUNG, SELBSTVERWALTUNG, ALTERNATIVBETRIEBE

▶*In selbstverwalteten Betrieben gibt es keine unternehmerische Fremdbestimmung und Ausbeutung der Arbeitenden . . .*

Wir sprechen uns gegen zentralisierte und bürokratische Verwaltung der Menschen durch Sozialeinrichtungen aus. Statt dessen streben wir den Aufbau von selbstverwalteten, kommunalen sozialen Diensten und den Ausbau von Selbsthilfemöglichkeiten an. Unsere Perspektive ist nicht die Reparatur der Menschen durch immer mehr Krankenhäuser, Suchtkliniken und Sanatorien, sondern die Beseitigung von seelisch und körperlich krankmachenden Arbeits- und Lebensverhältnissen in unserer Gesellschaft.◀

Die Grünen, Umbau der Industriegesellschaft (Entwurf)

Die Grünen haben in ihrem Wahlprogramm 1987 eine neue Form der Klassengesellschaft in der Bundesrepublik beschrieben: Die ▶*Vier-Viertel-Gesellschaft, in der*

- ▶ *Bezieher/innen von Vermögens-einkommen,*
- ▶ *Arbeitnehmer/innen mit soliden, gut dotierten Arbeitsplätzen,*
- ▶ *Arbeitnehmer/innen in unsicheren Beschäftigungsverhältnissen*
- ▶ *und Menschen in offener Armut nebeneinander leben.*◀ Mit neuen Produktions- und Lebensmodellen soll diese Klassengesellschaft überwunden werden. Es geht um den Aufbau sich selbstverwaltender Betriebe, um Alternativkonzepte und um Vergesellschaftung.

Die Grünen wollen alles subventionieren und fördern, was der Abkehr von der industriellen Großtechnik und der Dezentralisierung dient: Lokale selbstverwaltete Betriebe, Beschäftigungs- und Arbeitsloseninitiativen; regionale und selbstverwaltete Versorgungseinheiten im Gesundheitswesen; freie Radios, Medienwerkstätten, Kulturzentren mit lokalem Bezug . . . Die selbstverwaltete Wirtschaft muß ausgebaut werden, denn ▶*alternative und selbstverwaltete Betriebe sind eine Möglichkeit der Aneignung des eigenen Lebens*◀, heißt es im Bundestagswahlprogramm 1987.

In der Tat haben schon gegenwärtig etwa hunderttausend Menschen, also ca. 0,4 Prozent der Erwerbsbevölkerung, in etwa 12 000 Selbsthilfe- und Alternativbetrieben ein Betätigungsfeld gefunden. Das Aktionsfeld ist groß und reicht von alternativen Werkstätten über Dritte-Welt-Läden und Teestuben bis zu Naturkostbetrieben und Land- und Wohngemeinschaften mit Ackerbau und Viehzucht. Daneben werden vor allem pädagogische, sozialtherapeutische und künstlerische Einrichtungen betrieben. Das Ziel ist, alle Dinge gemeinsam zu gestalten, zu bestimmen und zu besitzen und so Freiheit, Gerechtigkeit und Gleichheit zu erreichen. Doch der Preis für diese Ziele ist hoch und der Erfolg gering. Die Grünen haben mehrfach selbstkritisch festgestellt, daß alternative Betriebe neben und wegen der Freude an der ständigen Diskussion und der totalen Mitbestimmung im ökonomischen Bereich zu massiver Selbstausbeutung führen: die alternative Arbeitszeit ist oft um 50 Prozent höher, der alternative Verdienst jedoch um ein Vielfaches niedriger als in der inkriminierten herrschenden kapitalistischen Produktion. Die durchschnittliche „Lebenserwartung“ von Alternativbetrieben liegt trotz aller gezahlten Zuschüsse in der Bundesrepublik bei nur vier Jahren. Rund ein Viertel der Alternativen erwirtschaftet ein Monatseinkommen von 600 DM; jeweils ein Drittel erreicht zwischen 600 und 1200 beziehungsweise 1200 und 1800 DM. Verdienste oberhalb dieser Grenze haben eher Seltenheitswert.

Für die Grünen bleibt das im Bundesprogramm formulierte Ziel bestehen:
▶*Es geht im Kern darum, daß die Betroffenen selbst Entscheidungen darüber treffen, WAS, WIE und WO produziert wird.*◀
Negative Erfahrungen etwa mit der Arbeiterselbstverwaltung in Jugoslawien oder mit gescheiterten eigenen Modellversuchen halten die Grünen nicht davon ab, ihre Theorie für richtig und die Praxis für falsch zu halten.

Die Grünen beeindruckt auch nicht, daß die Wirtschaftsverfassung der Bundesrepublik vielfältige Mitgestaltungsmöglichkeiten und Mitbestimmungsrechte auf allen Ebenen bietet, und zwar in einem Ausmaß, das einmalig in der Welt ist. Sie wollen neue Formen und Qualitäten der Wirtschaftsdemokratie erreichen. Die volle paritätische Mitbestimmung ohne neutrale Person ist für sie nur ein Schritt in die richtige Richtung. Die Vergesellschaftung von Schlüsselindustrien, Banken und Versicherungen „bei demokratischer Planung und Selbstverwaltung" soll weitergehende Perspektiven eröffnen. Von zentraler Bedeutung sind jedoch laut Bundestagswahlprogramm 1987 überbetriebliche branchenspezifische und regionalspezifische Gremien, in denen

▶*Natur- und Umweltschutzverbände und -initiativen vertreten sind. Sie überprüfen die Investitionen der Unternehmen auf Umwelt- und Sozialverträglichkeit sowie auf Art und Umfang der Arbeitsplätze. Sie haben ein Genehmigungsrecht . . . Sie entscheiden über die Entwicklung der Städte und Regionen mit und erhalten dafür ein Gesetzesinitiativrecht*◀.

Die Grünen sind sich darüber im klaren, daß die Demokratisierung nach grünem Muster nur langfristig zu erreichen ist. Deshalb fordern sie als Sofortmaßnahmen die freie politische Betätigung für alle abhängig Beschäftigten in den Betrieben und die Abschaffung der gesetzlichen Verpflichtung auf eine vertrauensvolle Zusammenarbeit mit dem Arbeitgeber. Ferner fordert das Bundestagswahlprogramm 1987, ▶*den Betriebsräten und Personalräten als erster Schritt zu einem Gestaltungsrecht ein Veto- und Initiativrecht einzuräumen bei*

- ▶ *allen Investitionsentscheidungen,*
- ▶ *Produkten, Produktionsverfahren und Technologien,*
- ▶ *allen Personalentscheidungen, einschließlich Einstellungen, Umsetzungen und Entlassungen,*

- *jeglichen Maßnahmen, die Bestimmungen des Datenschutzes berühren,*
- *gesundheitsgefährdende Risiken am Arbeitsplatz, wobei die Beweislast beim Unternehmer bzw. beim Dienstherrn liegt,*
- *sämtliche Mitbestimmungsrechte müssen bereits im Planungsstadium der Maßnahmen in Kraft treten.* ◀

Die Grünen proklamieren das Ziel einer Wirtschaftsdemokratie, in der Arbeit als freie selbstbestimmte Tätigkeit, als Mittel der Persönlichkeitsentfaltung erfahren wird. Die Mittel und Instrumente zur Erreichung dieses Ziels sind volle paritätische Mitbestimmung mit zusätzlichen Initiativ- und Vetorechten für die Betriebs- und Personalräte, selbstverwaltete Alternativbetriebe als Modelle und überbetriebliche Steuerungsgremien.

DIE BÜNDNISPOLITIK: HOFFNUNG AUF DIE GEWERKSCHAFTEN

▶ *Wir Grünen bekräftigen, daß wir trotz unterschiedlicher Perspektiven und bestehender Differenzen geduldig, aber auch unnachgiebig daran arbeiten, gemeinsam mit den Gewerkschaften menschenwürdige Arbeits- und Lebensverhältnisse zu schaffen.* ◀

Die Grünen, Programm zur Bundestagswahl 1987

In der Bündnispolitik tun die Grünen sich schwer. Sie sind offen für alles was links vom linken Flügel der SPD steht, und sie unterstützen in aller Welt auch radikal autoritäre und marxistisch doktrinäre Strömungen, wenn sie sich nur „Befreiungsbewegungen" nennen. Für diese gelten auch nicht die Strategien des „sozialen Widerstandes", sondern nach Auffassung der Grünen ist hier auch Waffengewalt angezeigt. ▶ *Wir respektieren die Entscheidung anderer Völker, in ihrem Befreiungsprozeß auch bewaffnete Widerstandsformen einzusetzen* ◀, wird im Wahlprogramm 1987 ausdrücklich betont. Es wird jedoch nicht erklärt, wo die Waffen herkommen sollen. Da nach den Zielsetzungen der Grünen in der westlichen Welt die Produktion von Waffen verboten werden muß, können sie wohl nur aus der Sowjetunion kommen . . . Doch die angestrebte solidarische Unterstützung aller „sozialen, politischen und kulturellen Emanzipationsbestrebungen" in der Dritten Welt und der „Befreiungsbewegungen in noch existierenden Kolonien" ist für die Durchsetzung der grünen Pläne und Zielsetzungen im eigenen Land wenig hilfreich. SPD und Grüne distanzieren sich vor Wahlen wechselseitig und wortgewaltig voneinander. Zur möglichen Tolerierung der SPD-Regierung in Hessen meinte der früher rote und heute grüne Daniel Cohn-Bendit: ▶*Ich will nicht . . . Scheiße für Geld verkaufen.*◀ Joseph Fischer äußerte sich vornehmer, aber wegwerfend: ▶*Die SPD ist doch . . . ein älterer Pflegefall.*◀ Börner zahlte vor den Wahlen in Hessen mit gleicher Münze heim: ◀*Eine politische Gruppe, die dem Parlamentarismus den Kampf angesagt hat, hat keine Lehren aus der deutschen Geschichte gezogen, sondern bringt sich damit in die Nähe von Faschisten . . . Ich kann es nur als Zumutung betrachten, wenn mir angeboten wird, mit solchen Leuten möglicherweise zu koalieren.*◀ Berühmt wurde Börners eigene Version des „sozialen Widerstandes" gegen die Grünen: ▶*Ich bedaure, daß mir mein hohes Staatsamt verbietet, den Kerlen selbst eins in die Fresse zu hauen. Früher auf dem Bau hat man solche Dinge mit Dachlatten erledigt.*◀ Nach den Wahlen, wenn es um die mögliche Machtübernahme geht, ist das alte Feindgeschrei vergessen, dann interessiert weder die grüne Basis, noch der getäuschte SPD-Wähler.

Die Grünen stehen recht einsam da. Weder die Gruppen der intellektuellen und heimatlosen Linken, die marxistischen Splittergruppen oder die DKP mit ihren Tarnorganisationen noch die Alternativen, die Umwelt- und Friedensgruppen oder die emanzipatorische Frauenbewegung sind dauerhafte und starke Bündnispartner. Für Großaktionen und Massenproteste kann man sich zwar auf ihre Organisationsstrukturen sowie auf ihre Anhänger- und Sympathisantenkreise stützen, aber antiparlamentarische Gruppen können kein parlamentarisches Gewicht bringen.

Als Großorganisation von entscheidendem politischen Einfluß bieten sich für die Grünen noch die Gewerkschaften als möglicher und vor allem bedeutender Bündnispartner an. Aber auf beiden Seiten mischen sich wechselseitige drastische Ablehnung, vorsichtige Annäherungsversuche und begeisterte Umarmung. Der Annäherungstrend der Grünen ist unübersehbar. Im 1983 verabschiedeten Sindelfinger Programm „Gegen Arbeitslosigkeit und Sozialabbau“ stand die kritische Distanz noch im Vordergrund: ▶*Die Gewerkschaften in der BRD sind in ihren Apparaturen erstarrt, zu sehr auf das System, die Parlamente und die SPD eingeschwenkt . . .*◀ Im Programm zur Bundestagswahl 1987 dienen sich die Grünen dagegen als verständnisvolle und jederzeit hilfsbereite Partner an: ▶*Die von uns angestrebten Änderungen der Lebens-und Arbeitsbedingungen setzen starke Gewerkschaften voraus. Deshalb wenden wir Grünen uns mit aller Entschiedenheit gegen Versuche, die Streikfähigkeit der Gewerkschaften einzuschränken.*

Die Grünen halten ein allgemeines gesetzliches Aussperrungsverbot für notwendig. Hierfür liegt bereits ein Gesetzentwurf der Grünen Bundestagsfraktion vor. Durch das Verbot jeglicher Aussperrung soll die Übermacht der Arbeitgeber/innen eingeschränkt und gleichzeitig der § 116 AFG gegenstandslos gemacht werden. Die Grünen treten für die Zulässigkeit politischer Streiks ein.

Die Grünen übersehen nicht, daß Gewerkschaften in vielfältiger Weise in das bestehende Wirtschaftssystem eingebunden sind und mit Hinweis auf die Sicherung von Arbeitsplätzen zum Teil nur schwer aus lebenszerstörenden Zusammenhängen sich zu lösen bereit sind (z. B. Atom- und Rüstungsindustrie, Chemie- und Automobilunternehmen). ◀

Die Haltung der Gewerkschaften zu den Grünen ist bis auf den heutigen Tag nicht eindeutig. Es hat immer progressive Stimmen gegeben, die diese Bewegung als Zugpferd auf dem Weg in eine sozialere und gerechtere Wirtschafts- und Gesellschaftsordnung gesehen haben und auch selbst nutzen wollten. Doch bis zu den letzten Bundestagswahlen überwogen bei den Gewerkschaften deutlich Skepsis, Kritik und Ablehnung. Heute dagegen ist mancherorts ein deutlicher Stimmungsumschwung zugunsten der Grünen zu verzeichnen.

Noch während des letzten Bundestagswahlkampfes gab es herbe Gewerkschaftskritik an den Vorstellungen und Zielen der Grünen:

Sie seien politisch unerfahren und konzeptlos; sie gefährdeten die Konkurrenzfähigkeit und die Arbeitsplätze der Betriebe, sie seien ideologisch und demokratiefeindlich, sie störten den inneren Frieden durch illegitime Aufrufe zu Widerstand, Blockaden und Massenaufstand. Nur ganze 600 Unterschriften konnte eine Initiativgruppe „Gewerkschaftler für Grüne" zusammenbringen. Gewerkschafter waren im allgemeinen engagierte Kämpfer gegen die Grünen. Wer nach vehementen Ausbrüchen harscher Kritik an der industrie- und arbeitsplatzfeindlichen Politik der Grünen suchte, wurde in den vielfältigen Blättern der DGB-Gewerkschaften besonders fündig. Da wurde nicht gespart mit Spott über die romantischen Idyllen der alternativen Bewegung, aber auch nicht mit streitbarem Protest, wenn sich grünes

Treiben gegen die Interessen der Beschäftigten richtete.

Nach den Bundestagswahlen begann eine allmähliche Trendwende. Das „Gibst du mir-, geb ich dir-Bündnis“ von regierender SPD und Gewerkschaften bestand nicht mehr. Für die Funktionäre wurde es schwieriger, die Gewerkschaftsbasis mit neuen Erfolgen bei der Stange zu halten, denn das Streben der Gewerkschaftsspitzen nach Machtzugewinn durch Funktionärsmitbestimmung und nach Mitregierung in unternehmensübergreifenden Wirtschafts- und Sozialräten interessierte die Mitarbeiter im Betrieb nicht; selbst das Ziel, die 35-Stunden-Woche zu erreichen, war in der Basis lange Zeit umstritten.

So entdeckten zunächst die eher marxistisch orientierten Funktionäre linker Gewerkschaften (die IG Druck und die Gewerkschaft Erziehung und Wissenschaft an der Spitze) die Grünen und die Friedensbewegung, um mit ihrer Sogkraft Eigeninteressen zu verfolgen.

Schließlich versuchte sogar die DGB-Spitze die hochgetürmte Welle der Friedensbewegung für sich zu nutzen und verband die Diskussion um dic Friedenssicherung mit einer Kritik an Unternehmen und Wirtschaftsordnung.

Man suggerierte, Marktwirtschaft und Unternehmer gefährdeten den inneren Frieden. In den Betrieben wurden „Mahnminuten“ abgehalten und Agitationsschriften verteilt, in denen auch mehr als zweifelhafte Friedensforderungen der Grünen übernommen wurden. Die Verbrüderung von Grünen und Gewerkschaften fand ihren Höhepunkt, als selbst Ernst Breit in seinem Aufruf für einen „Frieden ohne Waffen“ die Unternehmer als friedensunfähig hinstellte, weil sie die gewerkschaftlichen Vorstellungen zur Mitbestimmung und zur 35-Stunden-Woche nicht teilen mochten.

Die zweite Welle einer gewerkschaftlich-grünen Gemeinsamkeit entwickelte sich zum Themenkomplex Umweltschutz. Unter dem Deckmantel der Ökologie wurden regelrechte Hetzkampagnen gegen Unternehmen und Regierung gestartet. Wie das Thema Frieden mußte auch der Umweltschutz als Vehikel herhalten, den alten Forderungen der Gewerkschaften eine neue Begründung zu liefern: Von der Forderung nach mehr Mitbestimmung, nach Wirtschafts- und Sozialräten und Investitionslenkung über Beschäftigungsprogramme und mehr Lohn für alle bis hin zur Systemveränderung und Planwirtschaft wird das ganze Arsenal gewerkschaftlicher Zielsetzung als unbedingt umweltschutzfördernd interpretiert. Die Darstellungen mancher Gewerkschaften lesen sich so, als hätten sie mit Hochtechnik, Produktivitätsfortschritt und Wirtschaftswachstum nie etwas zu tun haben wollen.

Natürlich gab es in den pluralistisch strukturierten Gewerkschaften weiterhin massive Kritik, ebenso an den Grünen selbst, wie an der eigenen Öffnungspolitik. Bedeutende und staatsmännisch denkende Gewerkschaftsfunktionäre stellten sich gegen die links-grüne Strömung im DGB und warnten vor Massenarbeitslosigkeit und Massenelend als notwendige Folge der grünen Politik mit den Zielen nach Beendigung des Wirtschaftswachstums, des Exports und der internationalen Arbeitsteilung. In jüngster Zeit haben besonders die IG Chemie, die IG Bau und die IG Bergbau und Energie die ebenso erpresserischen wie in ihrer Wirkung katastrophalen Forderungen der Grünen zurückgewiesen. Mit dem allzu eilfertig propagierten sofortigen Ausstieg aus der Kernenergie hat der DGB für neue interne Richtungskämpfe gesorgt.

Dennoch sind die Grünen mit ihrem Liebeswerben um die Gewerkschaften ein gutes Stück vorangekommen. Besonders stolz sind sie auf ihren Erfolg, nach GEW und IG Druck jetzt auch wichtige Teile der mächtigen IG Metall für sich gewonnen zu haben. Höhepunkt der Annäherung war die umjubelte Rede des SPD-Genossen und IG-Metall Vorstandsmitgliedes Karl-Heinz Janßen auf dem Hagener Parteitag der Grünen. Janßen schöpfte tief aus den Programmen der Grünen, plädierte für mehr Basisdemokratie und gegen „Wachstums- und technischen Machbarkeitswahn" und glaubte, in unserer Republik erste Schritte „zur reaktionär-konservativen Diktatur" entdeckt zu haben. In jedem Fall war ihm eine rot-grüne Koalition lieber als die jetzige „arbeitnehmerfeindliche Politik".

Den Grünen gelingt es immer wieder, Zweckbündnisse mit den Gewerkschaften zu schaffen und Partnerschaften bei Einzelforderungen (Totalabrüstung, Arbeitszeitverkürzung, Recht auf Widerstand) herzustellen. Die Grünen haben mit Themen wie Frieden und Umweltschutz, den Gewerkschaften ein Vehikel geboten, für ihre alten Zielsetzungen neue publikums- und medienwirksame Begründungen zu liefern. So wird es neuerdings in wichtigen Gewerkschaftspublikationen üblich, den Rigorismus und Moralismus der Grünen herauszukehren, und alte Gewerkschaftsforderungen (z. B. nach mehr Mitbestimmung, nach Investitionslenkung, nach Beschäftigungsprogrammen) als unumgängliche Voraussetzung für besseren Umweltschutz und inneren Frieden hinzustellen.

BILDUNGS- UND FRAUENPOLITIK: EMANZIPATION STATT LEISTUNG

▶*Das Kapital will sich seine Untertanen selbst züchten. Die Roboterklasse . . . bietet keine Gefahr . . . Das sind die idealen Ausbeutungsobjekte, die Mehrwert schaffenden Roboter, die Heloten der kapitalistischen Wirtschaft, die springen, wenn Herrchen pfeift, vor Freude natürlich, das bringt man ihnen auch noch bei . . .*◀

Peter Körner und
Mathias Meyn, 1972

▶*Die Schule macht aus den Gehirnen der Kinder geistige, seelische und soziale Kolonien der Industriegesellschaft.*◀

Grün-alternative Liste,
Programm für Hamburg 1982

Die Bereiche Bildung und Familie gehören zu den besonders abstrus und widersprüchlich geratenen Kapiteln grüner Politik. Es irrt, wer meint, das Aufgabenfeld Bildung müsse besonders sorgfältig, stringent und umsetzungsfähig gestaltet sein, weil doch viele junge Menschen von den Grünen angesprochen werden. Statt einer Bildungskonzeption bietet sich ein Wirrwarr von Vorstellungen und Meinungen zur Bildungspolitik, die sich der

Interessierte aus den Landesprogrammen zusammensammeln muß. Allen Programmen gemeinsam sind die Zielsetzungen der Emanzipations- und Konfliktpädagogik der 70er Jahre mit ihrem Streben nach Antiautorität und Egalität, nach sexueller Befreiung und Selbstverwirklichung, nach Enttabuisierung und nach Auflösung bürgerlicher Formen, Normen und Werte und mit dem gleichzeitigen massiven Kampf gegen die Anforderungen der Industrie- und Leistungsgesellschaft.

Lernen, Leisten, Wissen und Können wird von den Grünen aus den Schulen verbannt. Es gibt keine objektiv vermittelbaren Kenntnisse, kein zu beherrschendes Sachwissen; es gilt allenfalls, darüber zu diskutieren, aus welchem Interesse und mit welcher Absicht bestimmte Gruppen dieser Gesellschaft auf bestimmte Sachverhalte Wert legen. Beispielhaft heißt es im Programm 1982 der Hamburger grün-alternativen Liste: ▶*Kein fachidiotischer Computerunterricht – dafür kritische, fachübergreifende Auseinandersetzungen über den Einsatz und die Folgen neuer Technologien.*◀

Das Wort „Leistung“ ist in der Vorstellungswelt der Grünen mit Abrichtung, Ungerechtigkeit und Unterdrückung gleichzusetzen; die Betrachtung der „Leistungsanforderungen der Industriegesellschaft“ erfüllen sie vollends mit Ekel und Abscheu. Daher soll so ziemlich alles abgeschafft werden, was bislang mit Schulbildung verbunden war: Staatliche Vorgaben für den Bildungskanon, gegliedertes Schulwesen, Fächerprinzip, gestuftes Klassensystem, Notengebung, Sitzenbleiben. Was an die Stelle des bisherigen Schulwesens treten soll, bleibt vage. Gefordert werden ▶*alternative*◀ oder ▶*grüne*◀ Schulen, in denen es „keinen staatlichen Zwang zum Lernen unter fremdbestimmten Bedingungen“ gibt und wo jeder lernen kann, was er will und was Spaß macht. Das Ziel ist die Förderung der Kritikfähigkeit, des emotionalen, ästhetischen und kreativen Verhaltens. Die bevorzugte Schulform der Grünen scheint – auch wenn das nicht klar auszumachen ist – eine Art sich selbstverwaltender und selbststeuernder kleiner Gesamtschule zu sein. Im Landesprogramm der Hamburger Grün-Alternativen heißt es: ▶ *Wir fordern eine Gesamtschule als alleinige Regelschule, wo Zensuren und Auslese wegfallen und alle Schüler sich mindestens bis zum 18. Lebensjahr gemeinsam ausbilden.*

Bei den Grünen in Hessen scheint es noch eine nicht näher definierte Form von Oberstufe zu geben, deren besondere Aufgabe allerdings unklar bleibt. ▶ *Sowohl die alte Oberstufe als auch die reformierte Oberstufe lehnen die Grünen-hessen ab. Statt dessen fordern wir eine alternative Oberstufe, die wir als Fortsetzung einer integrierten Grund- und Mittelstufe ansehen.* ◀

Bildungspolitik ist zwar für die Grünen – wie früher für die Außerparlamentarische Opposition – ein wichtiges Instrument der Systemveränderung, steht aber nicht an der Spitze ihres Prioritätenkataloges. Vor die Bildungspolitik ist die Familienpolitik getreten und diese wiederum erweist sich als Anti-Familienpolitik oder – positiv gesprochen – als Frauenpolitik. Das Programm zur Bundestagswahl 1987 enthält überhaupt kein bildungspolitisches Kapitel, es sei denn man will verstreute Einzelforderungen – z. B. keine Gefängnisstrafe für Jugendliche und Heranwachsende – in diesen Zusammenhang einordnen. Doch der Frauenpolitik ist ein umfangreiches Kapitel, neben fünf weiteren Sachkapiteln gewidmet. Die Ehe und Familie in der heutigen Form gilt den Grünen als Wesenselement patriarchalischer Strukturen und als Stütze einer frauenfeindlichen Industriegesellschaft. Homosexualität und Heterosexualität sind für die Grünen nicht nur gleichwertige Formen sexueller Orientierung, sondern diese Formen gelten als besonders emanzipatorisch. ▶*Schwul sein ist politisch*◀, erklären die Grünen im Bundestagswahlprogramm 1987 und führen weiter aus: ▶*Lesbische Frauen werden in unserer pluralistischen Gesellschaft doppelt diskriminiert: zum einen als Frauen, zum anderen als homosexuelle Frauen . . .*

Kleinfamilie und Ehe sind die staatlich geförderte Lebensform. Andere Lebensformen als die der Kleinfamilie mit Trauschein werden von Staat und Gesellschaft diskriminiert. Bereits die sogenannten Alleinerziehenden sind gegenüber Ehepaaren mit Kindern erheblich benachteiligt. Obwohl sie stärker finanziell belastet sind, bleiben ihnen steuerliche Vergünstigungen wie das Ehegatten-Splitting versagt.

Alleinerziehende Frauen, nicht-eheliche Lebens- und Wohngemeinschaften mit Kindern und ohne Kinder, von Menschen gleichen oder unterschiedlichen Geschlechts müssen immer noch um gesellschaftliche Anerkennung kämpfen.

Wir Grünen wollen die gleichberechtigte Anerkennung aller Lebensformen. Frauen wie Männer sollen frei entscheiden können, wie und mit wem sie leben wollen.◀

Zu der „gleichberechtigten Lebensform" scheint die Ehe und Familie nicht mehr zu gehören, denn die Grünen stellen in ihrem Wahlprogramm ausdrücklich fest: ▶ *Wir machen Frauenpolitik, nicht Familienpolitik. Frauen als Menschen stehen im Mittelpunkt unserer politischen Arbeit, nicht Frauen in ihren Funktionen als Ehefrauen oder Mütter.* ◀

Daß Frauen Selbstverwirklichung, Zufriedenheit oder gar Glück auch als Hausfrau und Mutter erreichen können, erscheint den Grünen ausgeschlossen. Nur in Politik und Beruf liegt die Emanzipationschance, deshalb fordern die Grünen die ▶ *Quotierung aller Ausbildungs- und Erwerbsarbeitsplätze, d. h. bevorzugte Einstellung von Frauen in allen Bereichen und auf allen Ebenen, bis mindestens eine 50%-Quote in den Bereichen, in denen Frauen bisher unterrepräsentiert sind, erreicht ist.* ◀

Mit der Bildungs- und Frauenpolitik der Grünen sollen zwei weitere tragende Institutionen der bürgerlichen Gesellschaft angegriffen werden: Leistungsprinzip und Ehe. Ein Staat, in dem das Leistungsprinzip nichts mehr gilt und in dem zugleich die Familie als Kern, als kleinste soziale Einheit der Gesellschaft diskriminiert wird, betreibt seine Auflösung.